StenEd®

CONFLICT-FREE, REALTIME
Machine Shorthand For Expanding Careers

READER

TO ACCOMPANY VOLUME I REALTIME THEORY

Beverly Loeblein Ritter
John D. Antunovich
Patricia J. Rhyne

1st printing 1991
2nd printing 1992
3rd printing 1995
4th printing 1996
5th printing 1996
6th printing 1998

This Reader contains stenotype notes for many of the sentence and paragraph exercises in StenEd's Realtime Machine Shorthand for Expanding Careers ***Volume I: Realtime Theory*** *text.*

STENOTYPE EDUCATIONAL PRODUCTS, INC.
P.O. Box 959, Melrose, Florida 32666

ISBN #0-938643-31-2
StenEd #105

PREFACE

With all the emphasis on learning to "write" shorthand notes, the ability to "read back" what you have written is sometimes taken for granted.

Of course you should make a regular practice of reading back your own notes. In addition, you should be able to read the notes of your peers—who should be learning the same basic theory as you.

The purpose of this Reader is to give you practice in reading and transcribing machine shorthand notes.

All outlines in this Reader follow the conflict-free StenEd theory. Brief forms and phrases are often used in this Reader, but remember, most brief forms and phrases are optional. Many writers—realtime writers especially—limit their use of briefs and phrases. Other writers use many. The key is to write what comes easily—that is, don't waste time trying to remember what a brief or phrase form is and get behind when you could have written the longer form with no hesitation—and to write everything in a conflict-free manner.

And, remember, even though it is probable that you will be using a computer to translate your writing, you will still need to be able to read your notes fluently—with no hesitation—both for those on-the-job instances when readback is called for and in proofreading your transcript.

CONTENTS

INTRODUCTION

Readback is an essential skill for machine shorthand writers, regardless of the stenotype careerfield chosen. Even though computers are generally used to translate notes, writers must be able to read what they have written for those times when the computer cannot (e.g., the word is not yet in the translation dictionary or you misstroke), for those times when a computer is not available (e.g., readback in court or during a deposition), and for proofing your transcript.

Stenotype notes are included in **Volume I: Theory** *for all word, sentence, and paragraph exercises through Lesson 17. From Lesson 18 through 40, notes are included in the theory text for all word exercises and for some of the sentence/paragraph exercises contained in that text. However, to include the notes for all exercises in the* **Volume I** *text itself would have made that text too cumbersome.*

Thus the creation of the **Reader**. *This* **Reader** *is an integral part of the StenEd program beginning with Lesson 18.*

There are 56 exercises in this **Reader**. *There are various ways your teacher may assign these exercises. Some examples follow.*

- *Close your theory texts and read from the* **Reader** *in class;*
- *Close your theory texts and transcribe from the* **Reader** *as a lab assignment;*
- *Check your notes against the* **Reader** *(this should become a regular habit);*
- *Practice writing notes while reading from the* **Reader**.

This **Reader** *will aid in your development of writing accurate, efficient notes. In addition, the more you can practice reading back notes in the early stages of your training, the more naturally and confidently you will be able to read notes when called upon to do so in your professional career.*

LESSON 18
EXERCISE 2
(18-2)

```
  P         F
    WH  O             Z
S K W R O       B
S
        EU      T
 T      O
  P R O
  P H   O E     T
S K W R   U     S
 T      EU      S
ST P H
 T      O
    WH  O   P L
  P H   * U     S
    W     U PB
   HRAO     B G
 T P    *EU R   S
ST P H
   W R
 TK       U           Z
    W     U PB
 TKPW   O
 T      O
 T P  AO EU PB     D
        EU      T
ST P H
  K W R O U
  P H     U     B
 T
    W     U PB
 T      O
S     A EU
 T  H
            F P L T
 T               S
  K W R O U
          R B G S
     A                Z
  P H   E   PB
     A      PB     D
    W   EU  P L
          R B G S
    WH  O
  P H   * U     S
  P R O
S   RAO EU        D
S K W R   U       S
 T       EU       S
          F P L T
 T                S
  K W R O U R
S K W R O      B
          F P L T
 T P H    U PB
      O*E R
  K
 TK     O
 T  H
          F P L T
 T P
  K W R O U
 TK     O
 T P H  O         T
           R B G S
 T
 T P H  O      PB
    H       F
S K W R * U       S
    HR
      RAO U   L
          F P L T
  K W R O U
   P H  * U       S
 TK     O
 T  H A
  K H
   P H    U   B
 TK     O E   PB
 T      O
   P R O
S   RAO EU        D
S K W R   U       S
 T       EU       S
          F P L T
  K W R O U
   P H  * U       S
    HR   E        T
      O*E R
   P H   E    PB
      A       PB     D
   W     EU   P L
 T P H  O E
   WH A
 T  H    E     B G
```

```
 TK     O
          F P L T
         UF
 T      O
   W    O   R B G
      A           T
        EU        T
      A      PB      D
 T P        R
        EU        T
          F P L T
  K W R O U
   P H  * U       S
 T  H   EU
      A       B   T
S K W R   U       S
 T      EU        S
          F P L T
 T  HR            S
 T P H  O
      O*E R
 T P H  O E   PB
   W  A EU
 T      O
 TK     O
        EU        T
          F P L T
```

LESSON 18
EXERCISE 3
(18-3)

```
   P        F
         EU
      A   UF PB
 TKPW   O
 T      O
 T      O U   PB
 T      O
S   H   O     P
          F P L T
         EUF
 TKPW   O     PB
         E FR
 TK   A EU
 T  H
   W AO E     B G
          F P L T
```

```
E FR
T AO EU P L
EU
T RAO EU
T O
T P AO EU PB D
A
TKPW AO D
PW AO EU
F P L T
EU T
K B
H A R D
T O
T P AO EU PB D
E F PB
A
T P U
R B G S
PW U
EU
K
S P E PB D
S F P
T AO EU P L
A Z
EU
T P H AO E D
F P L T
PW FR
EU
TKPW O
T O
S H O P
R B G S
EU
T RAO EU
T O
T H EU
O F
WH A
EU
K
K W RAO U Z
F P L T
EU
TK O
T P H O T
PW AO EU
A
```

```
T H EU PB G
PW A U Z
T S
T P H U
T H
K W RAO E R
F P L T
EU T
P H * U S
S R
A
K W RAO U S
T P R
P H E
F P L T
T P
T S
T P H O T
A
T H EU PB G
EU
K
K W RAO U Z
T P H O U
R B G S
EU
HR
T P H O T
PW AO EU
EU T
F P L T
EU
T P H O E
S O P L
P H E PB
PW AO EU
A
T H EU PB G
T P
T S
T P H U
F P L T
T P H O T
EU
F P L T
EUF
P H A E D
U P
P H EU
P H AO EU PB D
```

```
T O
PW AO EU
O PBL
T P H UF
PW U
T P H O T
T AO F P
F P L T
T P H
T H
W A EU
R B G S
EU
K
ST A EU
W PB
P H EU
PW U PBLGT
F P L T
EU
T P H *E FR
S P E PB D
P H R
T H A PB
EUF
T O
F P L T
P H O*E S
O F
U S
K O UF
P H R
T P
W E
W O U L D
S P E PB D
W
P H R
K A EU R
F P L T
K W R E
R B G S
U B G
TK O
EU T
R B G S
T AO
F P L T
```

LESSON 18
EXERCISE 4
(18-4)

P F
T
P H A PB
W U Z
A B T
T O
TKPW O
WH E PB
H EU Z
T P R E PB D
T P *EU R S
S A U
H EU P L
F P L T
T
T P R E PB D
T O E L D
T
P H A PB
T O
W A EU T
T P R
H EU P L
F P L T
T
P H A PB
TK EU D
T P H O T
W A PB T
T O B
HRA EU T
S O
H E
TK EU D
T P H O T
ST O P
F P L T
H E
S K W R * U S
W E PB T
T O
H EU Z
K A R
A PB D
TKPW O T
T P H
F P L T
EU B G D
S AO E
T H A
T H
P H A E D
T
O*E R
P H A PB
P H A D
F P L T
EU
S A EU D
T O
P H EU
P A L
T H A
EU
T H A U GT
W E R B D
TKPW O
PW A U Z
T HR
P H A EU
PW
A
T P AO EU GT
F P L T
W E
TK EU D
T P H O T
W A PB T
T O
TKPW E T
T P H AO E R
A
T P AO EU GT
F P L T
S K W R * U S
A Z
W E
HR E F T
R B G S
W E
S A U
T
T P R E PB D
R U PB
O E FR
T
H EU L
A PB D
ST A R T
T O
H EU T
T
T P *EU R S
P H A PB
T P H T
PW A B G
F P L T
T
T P *EU R S
P H A PB
H EU T
PW A B G
F P L T
P F
A U L
T W U PB S
R B G S
W E
S A U
A
TKPW EU R L
K O P L
O U T
O F
A
H O U S
F P L T
S H E
RA PB
O E FR
T O
T
P H E PB
A PB D
S A EU D
S H E
TK EU D
T P H O T
W A PB T
T O
S AO E
T H E P L
T P AO EU GT
F P L T
S H E

S A U
T
T P AO EU GT
ST A R T
F P L T
S H E
TK EU D
T P H O T
HRAO EU B G
T O
S AO E
P H E PB
S H E
T P H AO U
T P AO EU GT
A T
A U L
F P L T
T H E R B D
P H A EU B G
U P
F P L T
T H E R B D
T P H O T
P H A EU B G
S O F P
O U T
O F
S UF P
A
S P H A U L
T H EU PB G
F P L T
A F
T H
R B G S
T
T W O
P H E PB
S H AO B G
H A PB DZ
A PB D
W E PB T
A UF
F P L T
EU B G D
S AO E
T H A
W U PB
O F
T H E P L
W O UF
A
PWHRA B G
K W RAO EU
A PB D
T
O*E R
W U Z
ST EU L
P H A D
F P L T
EU
T H EU
T F S
A U L
S O R T
O F
O D
F P L T

LESSON 20
EXERCISE 3
(20-3)

P F
P H
P AO E P L
HR O* F
TK O G
S
F P L T
W E
TK O
T P H O T
T P H O E
WH E PB
TK O G
S
W R
T P *EU R S
T A EU P L
D
F P L T
W E
TK O
T P H O E
T H A
TK O G
S
S R B
W
U S
T P R
A
HR O PB G
T AO EU P L
F P L T
T HR R
P H
K AO EU PB DZ
O F
TK O G
S
F P L T
T
HRA RPBLG
E R
TK O G
S

R
ST EU L
A UF PB
K W RAO U Z
D
T P R
W O R B G
T P H
P H
P HRA EU S
S
F P L T
S P H A U L
E R
TK O G
S
P H A EU
W O R B G
T AO
R B G S
PW U
T H E R
P H O*E S
A UF PB
T P O U PB D
S EU T
G
O PB
HRA P
S
F P L T
P F
A
TK O G
AO E S
W A G
G
T A EU L
K
PW R EU PB G
S K W R O EU
T O
K W R O U R
HRAO EUF
F P L T
U B G
S P E PB D
TK A EU
S
P HRA EU
G

W
K W R O U R
TK O G
A PB D
T HR EU L
G
T O
T
T R EU B G
S
U B G
T AO E F P
EU T
F P L T
T P
UF
A
TK O G
O R
S K W R * U S
HRAO EU B G
T H E P L
R B G S
K W R O U
T P H O E
T H
F P L T
T HR S
T P H O
T P AO EU PB
E R
T AO EU P L
T H A PB
T H A
K W R O U
S P E PB D
W
A
TK O G
F P L T
EU
AO E D
S A EU
A
TK O G
S
P H R
T H A PB
S K W R * U S
A
T P R E PB D

F P L T
A T
T AO EU P L
S
R B G S
A
TK O G
P H A EU
PW
K W R O U R
O PBL
T P R E PB D
F P L T
T S
A
PW E T
E R
W O R L D
PW A UF
A
TK O G
AO E S
T P R E PB D
S H EU P
F P L T

LESSON 20
EXERCISE 4
(20-4)

P F
K H EU RPB
R
P HRA EU
G
A U L
S O R T
S
O F
T P H U
TKPW A EU P L
S
T H A RP
T P H O T
T H A U GT
O F
A
T P U

K W RAO E R
S
PW A B G
F P L T
T H S
PW A U Z
T P H U
T O EU
S
S R
P H A E D
T
K H AO EU L D
AO E S
W O R L D
P H UF P
HRA RPBLG
E R
F P L T
T
T O EU
S
R
PW RAO EU GT
E R
A PB D
T P U PB
K W R E R
T H A PB
FR
PW FR
F P L T
A
TK O L
T P H O U
T P H O T
O PBL
K RAO EU
S
PW U
AO E T
S
A PB D
T A U B G
S
F P L T
A
PW A L
PW O U PB S
S

T P H
T P H U
W A EU
S
F P L T
A
T O EU
K A R
TKPW O E Z
T P A * S
E R
A PB D
TK U Z
T P H U
T R EU B G
S
F P L T
T HR R
TKPW A EU
E R
A PB D
PW RAO EU GT
E R
S H A EU DZ
O F
P A EU PB T
O PB T
T O EU
S
F P L T
P H
K H EU RPB
AO E S
T O EU
S
P H A EU B G
T
RA EU PB
PW O E
AO E S
H AO U
S
HRAO B G
TK EU P L
F P L T
P F
T
P HRA EU S
O F
T O EU

S
T P H T
K H AO EU L D
AO E S
TK A EU
S
P H UF P
TKPW RA E T
E R
R B G S
T AO
F P L T
K H EU RPB
T P H O U
HR E RPB
T P R
T O EU
S
S W E L S
S R
T P U PB
W
T H E P L
F P L T
T
HRA EU T
*E S
T O EU
S
S H O E
T
K H AO EU L D
H O U
T O
TK O
T H EU PB G
S
F P L T
T H A EU
S H O E
T
K H AO EU L D
A
W AO EU D
E R
W O R L D
F P L T
T
T O EU
AO E S

P HRA EU S
T P H T
W O R L D
O F T
K H AO EU L D
H A PB T
K H A EU PB
PBLG D
F P L T
T S
O PBL
T H A
W E
T P H O U
T P H O E
PW E T
E R
WH A
T O EU
S
K
TK O
T P H
T AO E F P
G
T
K H AO EU L D
F P L T
A F
A
TK A EU
AO E S
P HRA EU
R B G S
T
K H AO EU L D
H A Z
T P H O T
O PBL
H A D
T P U PB
PW U
H A Z
HR E RPB
D
A
T P H U
S K EU L
O R
A D

D
T O
A PB
O E L D
E R
W U PB
F P L T
P HRA EU
G
K
T P H O
HR O PB G
E R
PW
S A EU D
T O F
TK E D
PB D
A
K H AO EU L D
AO E S
P H AO EU PB D
F P L T
T P H O U
T O EU
S
K B
S A EU D
T O
P H A EU B G
T O D
AO E S
K H EU RPB
T
S P H A R T
*E S
A PB D
AO E Z
K W R *E S
T O
T AO E F P
FR
F P L T

LESSON 21
EXERCISE 3
(21-3)

P F
W E B G
KP E R T
T P O R S
O PB T
W O R L D
F P L T
A U L
W E F
T O
TK O
S
T O
E B G S
P HR O EU T
O U R
T A L
E PB T
S
F P L T
T P
W E
TK O
T H
T O
T
E B G S
T RAO E P L
R B G S
W E B G
TK O
KP AO EU T
G
T H EU PB G
S
F P L T
A
HRAO E D
G
E B G S
P O E PB T
O F
T H
S RAO U
H A Z
S A EU D
R B G S
K W T
T S
PW E T
E R
T O
KP E L
A PB D
T H E PB
KP EU T
HRAO EUF
F P L T
T S
T P H O T
TKPW AO D
T O
S K W R * U S
E B G S
P E PB D
W U PB
AO E S
HRAO EUF
A PB D
E B G S
P AO EU R
F P L T
W U PB
P H * U S
E B G S
P A PB D
W U PB
AO E S
T A L
E PB T
S
F P L T
K W TS
P F
T O
T
E B G S
T E PB T
T H A
W U PB
KP EU B T
S
W U PB
AO E S
T A L
E PB T
S
R B G S
W U PB
PW B G S
A
PW E T
E R
P E RPB
F P L T
T H
S T
W A EU
T O
E B G S
P HR O E R
T
TKPW RA E T
E B G S
P A PB S
O F
HRAO EUF
F P L T
KP HR E PB S
S
A U L S
T O B
T
TKPW O E L
F P L T
T
E B G S
T RA
W O R B G
HR
P R O
TK AO U S
A
P H R
KP AO EU T
G
P E RPB
F P L T

LESSON 21

EXERCISE 4

(21-4)

```
P F
T
P H A PB
H A Z
S K W R * U S
R U RPB
D
T P R
A
HR O PB G
P HR EU T
K A L
KP AO EU L
F P L T
T
KP AO EU L
R U L T
D
T P R T
E B G S
T RAO E P L
S RAO U
S
H E
T AO B G
F P L T
H E
H A D
KP O R T
D
H EU Z
P AO E P L
T O
R E
S R O E L T
F P L T
E B G S
T RA
K A EU R
W U Z
T A EU B G
PB
O PB
H EU Z
R U RPB
```

```
T O B
S H AO U R
T H A
T P H O
E B G S
P O E PB T
O F
H EU Z
S RAO U
S
ST A R T
D
A
RAO EU
O T
F P L T
P F
H E
H A Z
A EU PBLG
D
P H UF P
S EU PB S
H EU Z
KP AO EU L
PW E
TKPW A PB
F P L T
H E S
T P H O
HR O PB G
E R
S O
K W EU B G
T O
E B G S
P HR EU
K A EU T
H EU Z
S RAO U
S
T O
T P H EU
P E RPB
WH O
HR
HR EU S
PB
F P L T
T F S
```

```
H A R D
T O
TKPW E T
H EU P L
T O
T A U B G
T O
T P H EU
E B G S
T E PB T
F P L T
H E
E B G S
P HRA EU PB
D
T H A
H E F S
T AO EU R
D
T P R
H EU Z
HR O PB G
T R EU P
H O E P L
F P L T
P F
H E
TK EU D
KP EU B T
S O P L
HRAO EUF
WH E PB
T A U B G
G
A B T
H EU Z
T AO EU P L
A Z
A PB
E B G S
P A EU
T RA EU T
F P L T
H E
T O E L D
H O U
H E
HR E F T
WH E PB
H E
```

LESSON 21
EXERCISE 5
(21-5)

```
H A E R D
T H A
H E
W O U B
K A U GT
A PB D
E B G S
K AO U T
D
F P L T
H E
E F PB
S P H AO EU L
D
A Z
H E
E B G S
P HRA EU PB
D
H O U
H E
E S
K A EU P
D
F P L T
P F
EU T
HRAO B G
S
HRAO EU B G
T
HRA PB D
HR
T P H O T
E B G S
P HR O E D
T P H
R E
S R O E L T
T P H O U
T H A
H E
H A Z
R U RPB
D
F P L T
H E S
T AO
O E L D
A PB D
```

```
T AO EU R
D
T O
E B G S
P O U PB D
T H A
T P H O U
F P L T
```

```
P F
T
T P H U
T RA EU D
KP EU B T
PW E
TKPW A PB
K W R E D
F P L T
O PB
TK EU S
P HRA EU
R
E B G S
P O R T
S
T P R
P H
HRA PB DZ
F P L T
AO E F P
HRA PB D
KP AO U DZ
P RAO EU D
A B T
EU TS
TKPW AO DZ
A PB D
T H A EU R
KP HR E PB S
F P L T
AO E F P
S
H O E P
G
```

```
T O
E B G S
P A PB D
EU TS
T RA EU D
F P L T
AO E F P
KP EU B T
H A Z
A PB
E B G S
P E R T
O PB
H A PB D
T O
E B G S
T O E L
EU TS
TKPW AO DZ
F P L T
T
S PW AO EU R
E B G S
P A PB S
O F T
H A L
S
T P EU L
D
R B G S
A PB D
E B G S
T RA
S P A EU S
S
P R O
S RAO EU D
D
T P H
A
T E PB T
O PB T
HRA U PB
F P L T
T H
T P H U
S H O E
KP AO E DZ
T P H EU
O*E R
```

```
H E L D
H AO E R
F P L T
P F
T P H O
E B G S
P E PB S
H A B
S P A EU R
D
T O F
A PB
KP HR E PB T
S H O E
F P L T
T
KP EU B T
H E D
E B G S
P HRA EU PB
D
T H A
R E
K R E PB T
K H A EU PB G
S
T P H
KP AO EU Z
A PB D
E B G S
K H A EU PB G
RA EU T
S
S R
KP E R T
D
A
TKPW RA E T
P R E R B
S H U R
O PB T
E B G S
P O R T
P H A R B GT
F P L T
T S
O F
E B G S
T RAO E P L
P O RPB S
```

```
T O
TKPW *EUF
T
P U B
HR EU B G
A
K H A PB S
T O
KP P L
T
TKPW AO DZ
A PB D
S AO E
T
KP AO EU T
G
A PB D
KP O T
EU B G
T H EU PB G
S
K H R
E B G S
P O R T
D
F P L T
P F
H E R
P A R T
T P H E R
R B G S
A
ST R O PB G
E B G S
P O E PB T
O F
T P RAO E
T RA EU D
R B G S
S A EU D
T H A
T H A EU
H O E P
T O
E B G S
P E L
T P H EU
TK O U T
S
A B T
```

```
E B G S
P O R T
D
TKPW AO DZ
T
P U B
HR EU B G
P H AO EU GT
S R
F P L T
T H A EU
A L S
H O E P
T O
P H A EU B G
T
P U B
HR EU B G
KP AO U B
RA PB T
A B T
S UF P
TKPW AO DZ
F P L T
P F
K W T
A F
A U L
R B G S
K W TS
S H E
E B G S
K HRA EU P L
D
R B G S
K W T
TKPW AO DZ
E B G S
P O R T
D
H O E L D
P RAO EU S
S
TK O U PB
F P L T
T P H
T H
T AO EU P L
O F
KP A PBLG
```

```
       RA   EU        T
                         D
   P   RAO EU           S
                        S
              R B G S
T   H A                 S
   P     O    RPB   T
             F P L T
  K W                TS
   P         F
T
T      RA   EU          D
  KP        EU   B  T
     HR          B
     H      E      L    D
T    HR      U        T
    W  AO E     B G
              R B G S
  KP        E    P    T
T       O     RP L
             F P L T
  K W R O   U
   P H A   EU
    W   A       PB    T
T       O
S  P        E    PB      D
S         O      P L
 T      AO EU    P L
S       AO E
                    G
 T    H
  KP HR     E    PB    T
S    H   O E
             F P L T
```

LESSON 22
EXERCISE 4
(22-4)

P F
EU
E B G S
P E B GT
T O
T P EU B G S
T
T O EU
PW O B G S
T O D
F P L T
EU
HR
RA E D
T
TK R *E B G S
S
W
K A EU R
F P L T
T H E R
K W AO EU T
K O P L
P HR E B G S
F P L T
EU
HR F
T O
S HR E B GT
P H EU
T AO L
S
W
K A EU R
F P L T
TK O EU PB G
T H
HR
HRAO E D
T O
A
TKPW RA E T
R E
TK * U B G S
T P H T

W O R B G
F P L T
EU
HR
T RAO EU
T P H O T
T O
T P H E
TKPWHR E B GT
T P H EU
TK R *E B G S
F P L T
EU R B D
T P EU PB
EU R B
T P H
A
T P RA * B G S
O F T
T AO EU P L
W O U T
T P H EU
TK E
T P E B GT
S
A PB D
W T
KP A B GT
R U L T
S
F P L T
A T
P H O*E S
R B G S
EU T
HR
T A EU B G
S EU B G S
H O U R
S
F P L T
T H A
E F PB
HR E T
S
P H E
S R
T AO EU P L
T O
W A B G S

T
PW O B G S
A PB D
TK E
T E B GT
T P H EU
T P HRA U
S
F P L T
A T
T
E PB D
O F
T H
P R O
S K W R E B GT
R B G S
EU
E B G S
P E B GT
T O F
A
P E R
T P E B GT
T O EU
PW O B G S
F P L T
EU TS
P E R
T P *E B G S
HR
W EU PB
P H E
T P H U
R P T
A Z
A
PW EU L D
E R
F P L T

LESSON 22
EXERCISE 5
(22-5)

P F
T
P H E D
K A L
P R O
T P E G S
H A Z
K H A EU PB G
D
F P L T
W U PB S
TK O B G
T O R
S
T RAO E T
D
K O PB
T AO U G S
S
A PB D
HRAO E G S
S
O R
K O PB
K U G S
S
A PB D
K O E L DZ
F P L T
T O D
TK O B G
T O R
S
A L S
S R
T O
T RAO E T
A B
RA EU G S
S
F P L T
T H E F
T O
T P H O E
A B T
TK EU
HRA EU G S
P H A
S H AO E PB
S
F P L T
T H E F
T O
T P H O E
A B T
T
TK EU
S K W R *E G S
O F
K O P L
P HR E B G S
P R O
T AO E PB
S
F P L T
S UF P
W O R DZ
A Z
K W T
T P EU B
R EU
HRA EU G S
K W TS
A PB D
K W T
R E
P H EU G S
K W TS
R
K W RAO U Z
D
E FR
TK A EU
F P L T
T P H U
P H E D
S EU PB
S
S R
T O B
P R E
S K RAO EU B
D
F P L T
T P H U
T RAO E P L T
S
S R
T O B
K W RAO U Z
D
F P L T
AO E F P
TK O B G
T O R
P H * U S
PW B G
A PB
E B G S
P E R T
T P H
S O P L
P A R T
O F T
T P AO E L D
F P L T
H E
O R
S H E
P H * U S
T P H O E
T
TK EU
P H E PB G S
S
O F
T H A
T P AO E L D
A PB D
T
K O PB
K HRAO U G S
S
O F
O*E R
W O R B G
E R
S
T P H
EU T
F P L T
T
TK A EU
O F T
TK O B G

T O R
W
O PBL
A
HR EU T
L
PWHRA B G
PW A G
S
TKPW O PB
F P L T
S UF P
TK O B G
T O R
S
R
A
RA EU R
KP E P G S
T O D
F P L T

LESSON 22
EXERCISE 6
(22-6)

P F
P HRAO U G S
HR B
W
U S
T P R
A
HR O PB G
T AO EU P L
F P L T
T
T P H O E G S
T H A
P AO E P L
K O U L D
TKPW E T
R EU D
O F
TKPW A R B
A PBLG
T P H
T P H EU
T P A G S
S
TKPW O PB
F P L T
W
P H O D
E RPB
K A R
S
A PB D
T P AO U L
K O P L
PW * U G S
R B G S
S P H O G
S
E FR
W R
F P L T
T O
K HRAO E PB
U P
T
A EU R
R B G S
W E
P H * U S
P H A EU B G
K O PB
S E G S
S
F P L T
T P
T P H O T
R B G S
T
K O PB T
W A EU G S
O F
O U R
W O R L D
K O U B
E PB
TK A EU PB
S K W R E R
D
F P L T
P F
H O U
TK U Z
W U PB
ST O P
P HRAO U G S
ST P H
T P *EU R S
R B G S
W E F
T O F
A
P R O
PW EU G S
O PB
O E P
PW U RPB
G
F P L T
W E F
T O
ST O P
T
T P AO L
EU R B
E B G S
P HR O EU
T A EU G S
O F
O U R
R E
S O U R S
S
F P L T
W E F
T O
T P A G S
T P H U
W A EU
S
T O
K HRAO E PB
U P
O U R
W A T
E R
S
F P L T
P H R
P O RPB T
R B G S
W E
P H * U S

S R
E PBLG
K A EU G S
F P L T
KP EU B G S
S
A PB D
E B G S
P O G S
S
K
S H O E
AO E F P
P E RPB
H O U
T O
TK O
H EU Z
O R
H E R
P A R T
F P L T
W
E PBLG
K A EU G S
R B G S
E FR
P E RPB
HR F
A
R E B G
T P H EU G S
O F T
P R O B
HR E P L
F P L T
T H E PB
W E B G
ST O P
P HRAO U G S
F P L T
W
T H
HR
K O P L
A
T RAO U
R *E F
HRAO U G S
F P L T

T
W O R L D
HR
T P H O T
O PBL
PW
K HRAO E PB
E R
R B G S
EU T
HR B
PW E T
E R
F P L T

LESSON 22
EXERCISE 7
(22-7)

P F
P H O D
E RPB
T AO EU R
S
R
PW E T
E R
T H A PB
FR
F P L T
T H E F
P H R
T P HR E B G S
F P L T
T H E F
PW E T
E R
T RA * B G S
F P L T
T H A EU
TKPW *EUF
P H R
K O PB
T A B GT
W T
R O E D
F P L T
T H A EU
H O E L D
T H A EU R

TK R *E B G S
PW E T
E R
F P L T
T H
S T
R U L T
O F
A
P H EU B G S
O F
T P H U
R U B
E R
S
A PB D
PW E T
E R
K O PB
ST R * U B G S
T E B G
T P H AO E B G
S
F P L T
S O P L
T AO EU R
S
K W RAO U Z
S EU B G S
K AO EU PB DZ
O F
R U B
E R
O R
O*E R
S U B
ST A PB S
S
F P L T
T H
P H AO E PB
S
P H R
W A E R
A PB D
P H R
P R O
T *E B G S
F P L T
T H
A L S
P H AO E PB
S
K W R O U

K B
P H R
R E
HRA B G S
D
F P L T
K W R O U
TK O E PB T
S R
T O
T P R E T
S O F P
A B T
K W R O U R
T AO EU R
S
F P L T
P F
S O P L
E B G S
P E R T
S
O B T
T H A
T AO EU R
S
R
TKPW E T
G
T AO
P E R
T P E B GT
F P L T
T H A EU
S A EU
W E
TK O E PB T
T A EU B G
T P H UF
K A EU R
O F
O U R
T AO EU R
S
T P H O U
F P L T
W E
TK O E PB T
A U L S
TK E
T E B GT
P R O B
HR E P L
S

W
T H E P L
F P L T
W E
T E PB D
T O
T P H E
TKPWHR E B GT
T H E P L
F P L T
T P H
TK A EU
S
TKPW O PB
PW EU
R B G S
K H E B G
G
T AO EU R
S
W U Z
A
R E
T P HR E B G S
A * B G S
F P L T
T P H O U
T P U
E F PB
HRAO B G
A T
T H E P L
F P L T
P H
T AO EU R
S
S R
T AO F P
A EU R
O RPB T
T P H UF
F P L T
T H B G
K H A EU PB G
T
T P HR *E B G S
O F T
T AO EU R
F P L T
T H B G
P R E
S R E PB T
T
T AO EU R

T P R
TK E
T P HR E B GT
G
WH E PB
A
R O B G
S
H EU T
F P L T
T H B G D
TK A P L
A PBLG
T
T AO EU R
F P L T
T P H O T
T P H UF
A EU R
K O U L D
P H A EU B G
T
T AO EU R
W A E R
T P A * S
E R
F P L T
T H
E B G S
T RA
W A E R
K O U B
A
P R O B
HR E P L
T P H
A PB
E B G S
T RAO E P L
K A EU S
F P L T
P F
E F PB
T P
T AO EU R
S
R
P H UF P
PW E T
E R
R B G S
W E
P H * U S
ST EU L

```
 T     A  EU    B G
  K    A  EU R
        O    F
 T   H    E    P L
 T P
   W      E
   W  A        PB   T
 T   H    E    P L
 T      O
 TK     O
 T   H A  EU R
S K W R O       B
             F P L T
```

LESSON 23
EXERCISE 4
(23-4)

P F
A
P E RPB
AO E S
S U B G
S E S Z
T P H
A
S K W R O B
S
A UF PB
KP H E PB S
RA T
W T
W O R B G
W U PB
P U T
S
S PW AO
EU T
F P L T
W U PB
K
T P H O T
E B G S
P E B GT
T O
KP H A PB D
T O P
P A EU
WH E PB
W U PB
TK U Z
T P H O T
W O R B G
H A R D
F P L T
T O
K O P L
P AO E T
T P H T
P H O D
E RPB
W O R L D
R B G S

A
W O R B G
E R
P H U B
KP H EU T
D
F P L T
H E
O R
S H E
H A Z
T O
T RAO EU
T O
TK O
T
S K W R O B
T P H T
K R E B GT
P H A PB
E R
F P L T
T S
S A D
T H A
S O
P H
W O R B G
E R
S
O PBL
K O P L
P HRA EU PB
F P L T
T H A EU
TK O
T P H O T
T RAO EU
T O
K R E B GT
T H A EU R
O E PB
T P A U L T
S
F P L T
T H A EU
S K W R * U S
T RAO EU
T O
PWHRA EU P L

O*E R
S
F P L T
T H A EU
K RAO EU
A B T
K HRAO U G S
A PB D
K R U P G S
F P L T
T H A EU
W O PB D
E R
WH AO EU
P R U B GT
S
R
TKPW E T
G
W O R S
F P L T
T P
T H E L D
O PBL
TK O
A
PW E T
E R
S K W R O B
R B G S
T H E B G D
EU P L
P RAO* UF
T H EU PB G
S
F P L T
P F
T P H
T H
K O P L
P HR E B G S
W O R L D
R B G S
T S
A UF PB
AO E Z
K W R E R
T O
K O P L
P HRA EU PB

```
T H A PB
T O
K O P L
P AO E T
F P L T
T S
AO E Z
K W R E R
T O B
K O P L
P HRA EU S
E PB T
T H A PB
T O B
KP H EU T
D
F P L T
T S
AO E Z
K W R E R
T O
PWHRA EU P L
T
O*E R
P E RPB
F P L T
T P
T H
TKPW O E Z
O PB
R B G S
W O R B G
E R
S
HR
S P E PB D
P H R
T AO EU P L
K HR E B GT
G
TKPW RAO EU P
S
T H A PB
P A EU
K H E B G
S
F P L T
A
K H A EU PB G
T P H
```

```
A T
T AO U D
S
T P H AO E D
D
F P L T
```

LESSON 23

EXERCISE 5

(23-5)

```
P F
T
A RP L
D
T P O R S
S
T P H AO E D
P AO E P L
WH O B G
HRAO E D
F P L T
T P R
K A P
T A EU PB
T O
KP H A PB D
G
S K W R E PB
R B G S
HRAO E D
E R
S H EU P
S
P O RPB T
F P L T
WHR
T P H
K O P L
PW A T
O R
T P H
P A E S
T AO EU P L
R B G S
W U PB
P H * U S
KP E L
```

```
F P L T
T H
S K AO L
H A Z
A
HR O PB G
T RA
TK EU G S
O F
T U RPB
G
O U T
S UF P
P AO E P L
F P L T
P F
A T
T
K O P L
P HRAO E G S
O F
T H A EU R
T AO EU P L
H AO E R
R B G S
TKPW RA PBLG
W A T
S
S R
P H R
T H A PB
S K W R * U S
A
K HR E PBLG
E PBLG
K A EU G S
F P L T
T H E F
P H R
T H A PB
S K W R * U S
A
KP H EU G S
F P L T
T H E R
A EU BL
T O
KP H A PB D
O*E R
S
```

```
            F P L T
          E FRPB
 T P  R           T
  KP H A      PB
 TK    A      PB  T
        O   F
  K    A
 TK       E       T
                   S
 TK     O  U  PB
S
 TK       E
S     R O E       T
                    D
 T      O
   P  R   E
   P   A  EU R
                 G
 T
  K    A
 TK       E       T
                   S
            F P L T
  KP H    E   PB   S
                 G
    W             T
 T P     *EU R     S
 TK    A  EU
             R B G S
 T   H A  EU
     HR   E  RPB
 T
  K     O     P L
   P HR   E    B G S
S K W R O      B
        O   F
   PW            G
       A
     HRAO E         D
          E  R
            F P L T
 T   H A  EU
     HR   E  RPB
 T      O
  K     O     P L
   P   AO E       T
            F P L T
 T   H A  EU
     HR   E  RPB
 T      O
```

```
 TKPW  A  EU  PB
 T
      R       P   T
        O   F
 T   H A  EU R
  K  HRAO E      G
                   S
            F P L T
 T   H A  EU
     HR   E  RPB
  KP H    EU      T
              P L T
 T      O
 T   H A  EU R
 T P H A  EU     G S
            F P L T
 T   H A  EU
     HR   E  RPB
 T
  K   R   E    B GT
    W  A  EU
 T      O
     HRAO E         D
            F P L T
 T   H A  EU
     HR   E  RPB
     H  O  U
 T      O
  KP H AO  U  PB
  K    A  EU      T
    W
        O*E  R
                   S
            F P L T
 T   H A  EU
     HR   E  RPB
     H  O  U
 T      O
ST     A     R    T
       A      PB    D
  K     O     P L
   P HRAO E       T
 T P H    EU
S K W R O      B
            F P L T
   P H       R
 T   H A      PB
 T   H
             R B G S
 T   H A  EU
```

```
     HR   E  RPB
     H  O  U
 T      O
 T P   A  EU       S
     H A     R      D
S    H    EU  P
    W   O  U      T
  K     O     P L
   P HRA  EU  PB  T
            F P L T
 T   H A  EU
       A        L  S
     HR   E  RPB
 T
   P    O    RPB   S
        O   F
 T   H A  EU R
        O E   PB
  KP HR   E   PB   S
 T      O
 T
  KP H  O     PB
 TKPW   O E     L
                   S
        O   F     T
 T P    O    R     S
                   S
            F P L T
   P        F
 T P H            T
          E   PB    D
             R B G S
 T   H
S K    AO       L
 T    RAO EU
                   S
 T      O
   P  R O
 TK    AO  U       S
       A
      RA  EU R
   P      E  RPB
            F P L T
     H    E
        O    R
S    H    E        S
       A
   P H A      PB
        O    R
    W   O     P L
```

```
    WH  O
  K
 T P H  O         T
   PW
  K   R    U  P   T
                    D
            F P L T
 T   H    E  R
   P   AO E   P L
    WH  O      B G
  KP H A      PB    D
            F P L T
       A      PB    D
 T   H    E  R
   P H    E   PB
       A      PB    D
    W     EU  P L
    WH  O   F
          E  RPB
                    D
 T
  KP H    E   PB
 TK    A  EU     G S
        O   F
        O*E  R
                   S
            F P L T
```

LESSON 24
EXERCISE 5
(24-5)

P F
O U R
H AO EU
W A EU
S
R
PW B G
G
P H R
A PB D
P H R
K O PB
S K W R *E S
D
F P L T
T
KP A * U S
T P AO U P L
S
T P R
K A R
S
R
K H O E B G
G
A U L
O F
U S
F P L T
W U PB
W O U L D
T H EU
T H
W O U B
A
PW EU G
PW AO* S
T P R
P U B
HR EU B G
T R P G S
F P L T
S O
T P A R
R B G S

EU T
H A Z
T P H O T
PW PB
F P L T
T HR S
W U PB
R PB
T P R
T H
FRP L T
K O* S
F P L T
T
K O* S
H A Z
S K W R * U S
PW PB
T AO
H AO EU
F P L T
T P H O U
R B G S
T H O E
R B G S
T H S
K H A EU PB G
G
F P L T
T P H U
P H *E T DZ
P R O P L S
T O
R E
TK AO U S
K O* S
S
F P L T
T P H U
T P AO E R
S
O F
P HRAO U G S
S R
PW RA U GT
A
T P H U
K R *E S
T O
P U B

HR EU B G
TKP H A PB D
F P L T
W E F
K O P L
T O
S AO E
T H A
A
K A P T
HR *EU S
T P H A EU G S
T P H AO E DZ
P U B
HR EU B G
T R P G S
R B G S
T AO
F P L T
W E
T P H AO E D
EU T
T P A * S
F P L T
W E B G
T P H O
HR O PB G
E R
KP *EU S
T P H T
P H EU D
* S
O F
A
T RA F B G
S K W RA P L
F P L T
P F
T P H O U
R B G S
A U L
O E FR
T
HRA PB D
R B G S
K RAO U
S
R
PWHRA * S
G

```
R O B G
T P R
T P H U
S U B
W A EU
S
F P L T
TK * U S
S
T P HRAO EU
G
A Z
W O R B G
E R
S
K A * S
K O PB
K RAO E T
RA EU L
PW E DZ
F P L T
KP H AO U T
E R
S
T P H O U
P *E S
E R
P O L
T EU G S
S
T O
S P AO E D
U P
K R * U B G S
F P L T
W O R B G
S
TKPW O EU PB G
T PW A R D
W
TKPW RA E T
H A *EU S
F P L T
P F
T
K W *E S
S
T P H O U
O PB
T P R
```

```
E F PB
PW E T
E R
W A EU
S
F P L T
T
T HR * U S
S
T W A R D
T P H U
P H *E T DZ
F P L T
U R B
T P H O* LG S
S
A PB D
S AO EU PB T
*EU S
S
R
W O R B G
G
T P R
S HRAO U G S
S
F P L T
H E L
K O P T
E R
S
R B G S
P H O PB
RA EU L
S
R B G S
A PB D
A EU R
K U G S
K A R
S
R
A U L
PW G
T *E S
D
F P L T
A
H O*E S
O F
```

```
O*E R
TK E
S RAO EU S
S
R
P HRA PB
D
F P L T
T P
T H
W O R B G
P E R
S *EU S
S
R B G S
P H O E T
R *EU S
S
AO E
A PB G
E R
P H A EU
S U B
S AO EU D
F P L T
EU PB
ST E D
O F
T RA F B G
S K W RA P L
S
R B G S
W E
HR F
T P A * S
T RA EU PB
S
O R
PW U S
S
T O
T A EU B G
U S
T O
A PB D
T P R
W O R B G
F P L T
K A R
S
```

P H A EU
PW
HR E F T
T O
TKPW A * T
E R
TK * U S
F P L T

LESSON 24
EXERCISE 6
(24-6)

P F
A
R *EUFR
A UF PB
H A Z
A
HRAO EUF
O F
EU TS
O E PB
F P L T
T P R T
S P R EU PB G
K H
TKPW *EUF
S
PW *EU R T
T O
EU T
R B G S
T O
EU TS
P H O* U T
R B G S
T HR R
A U L
S O R T
S
O F
T P A S
T P H A EU T
G
T H EU PB G
S
F P L T

T
R *EUFR
K B
A
P A * T
T P R
KP H E R S
F P L T
TK O U PB
EU T
K O P L
PW O E T
S
T P EU L
D
W
K HR O* T
R B G S
T P H AO*EUF
S
R B G S
S H AO*E F
S
O F
TKPW RA EU PB
R B G S
A PB D
S O
T P O* R T
F P L T
A EU
HR O PB G
EU TS
W A T
E R
S
R U PB
R O E DZ
O PB
K H T
TKPW AO DZ
P H AO* UF
T P R T
R *EUFR
T O
T
T O U PB
S
F P L T
P F

T HR S
A L S
O*E R
HRAO EUF
O PB T
R *EUFR
F P L T
T P H T
S U P L
E R
R B G S
HR O E
K A L
K W RAO* U T
S
S W EU P L
T P H
EU T
F P L T
T H A EU
E B G S
P HR O E R
T
K A *EUF
S
A PB D
O E L D
T P O R T
S
K H
PW O R D
E R
EU T
F P L T
T H A EU
K A F P
PW A EU S
PW A L
S
W
T H A EU R
P H EU T
S
PW EU
EU TS
S AO EU DZ
F P L T
T H A EU R
E L D
E R

S
E PB
S K W R O EU
A
PW R *E T
O F
K AO L
A EU R
PW EU
T
S P H AO* T
R B G S
T P HR O E
G
W A T
E R
S
F P L T
P F
S EU T
G
PW EU
T
R *EUFR
R B G S
O E L D
P H E PB
A PB D
W EU P L
P H A EU
TKPW *EUF
T P H U
HRAO EUF
T O
P H *EU T
S
A PB D
HR E PBLG DZ
A B T
T
R *EUFR
F P L T
TKPW O*E S
S
HR
T P HR O E T
T P R
TKPW RA *EUF
S
F P L T

E S
K A EU P
D
S HRA *EUF
S
R B G S
T RA EU L
D
PW EU
H A R D
H F
PW RAO*E T
G
H O U PB DZ
R B G S
R U PB
T HR U T
W AO DZ
W U PB S
P H R
F P L T
O E L D
T A E L
S
O F
ST RAO EUF
A PB D
T P AO EU GT
S
W
TKPW U PB
A PB D
T P H AO EUF
R
R E
T O E L D
F P L T
P F
T
R *EUFR
S
P H R
T H A PB
S K W R * U S
R U R B
G
W A T
E R
F P L T
T S

P A R T
O F T
HRAO*EUF
S
O F T
P AO E P L
WH O
HR *EUF
PW E
S AO EU D
EU T
F P L T
T S
T P U L
O F
W O R B G
A PB D
T P *E S
*EUF
T AO EU P L
S
F P L T
T S
A
P HRA EU S
W R
W U PB
K
T P AO EU PB D
PW O*E T
R E
HRA B G
S A EU G S
A PB D
R E
HRAO E F
T P R
PW O E R
TK O P L
F P L T
T HR S
T P H O
P HRA EU S
O PB
*E R T
K W AO EU T
HRAO EU B G
T
R *EUFR
F P L T

LESSON 25
EXERCISE 2
(25-2)

1
F P L T
P H E RPB
S
S P E PB D
6
PW L
TK HR R S
O PB
T H A EU R
HRA U PB
S
E FR
K W RAO E R
F P L T
2
F P L T
PW A EU S
PW A L
AO E S
W U PB
H F
P H * L T
R U PB
W U Z
S K O E R
D
O PB
P H A *EU
6
R B G S
1 9
7
5
F P L T
3
F P L T
T P H
1 9
8
7
R B G S
P H E R B G
P R O
TK AO U S
D
O E FR
50
PW L
P O U PB DZ
O F
P HRA * S
EU B G
F P L T
4
F P L T
O E FR
1 5
S P Z
1
T H O U R B G S
TK HR R S
A EU
W A R DZ
W R
TKPW *EUF PB
T O
1 5
S P Z
1 9
H F
K W RAO E R
H F
O E L D
ST AO U PB T
S
F P L T
5
F P L T
AO E F P
P H E RPB
K W RAO U Z
S
1
P H EU R B G S
6
H U R B G S
3 O
T H O U R B G S
TKPW A L
HR O PB
S
O F
W A T
E R
E FR
K W RAO E R
F P L T
6
F P L T
T
A * FRPBLG
T P H B G
T P R
P H E RPB
H O U S
H O E L DZ
T P H
1 9
8
7
W U Z
2 5
T H O U R B G S
9
H U R B G S
8
6
TK HR R S
F P L T
7
F P L T
T
H AO EU
*E S
PW A T
G
A * FRPBLG
T P H T
P H E RPB
HRAO E G
T P H
1 9
8 9
W U Z
P PB T
3
3 9
F P L T
8
F P L T
A Z
O F
1 9
8

```
7
R B G S
T HR RP
1 3
P H EU R B G S
7
H U R B G S
5
2
T H O U R B G S
A EU B G
E R
S
O F
ST A EU T
P A R B G
S
T P H T
K W RAO EU TS
F P L T
9
F P L T
T P H U
K W R O R B G
TKPW E T
S
P H R
P H A EU L
TK R B
5
P * PB T
6 9
PW L
P AO E S
S
T P H
1 9
8
8
TK R B
T H A PB
T P H EU
O*E R
ST EU
T P H T
K W RAO EU TS
F P L T
1 O
F P L T
O PB
```

```
4
S HR R B
2
2
S HR R B
8
7
R B G S
T
R O R D
T P H U P L
PW E R
O F
P U R B
H F
U P
S
TK O E PB
PW EU
W U PB
P E RPB
T P H
2 4
H O U R
S
TK R B
3
2
T H O U R B G S
5
H U R B G S
7
3
TK R B
W U Z
S E T
F P L T
1
1
F P L T
T P H
1 9
8
8
R B G S
T HR RP
9
9
9
P H L
```

```
A EU B G
E R
S
O F
T P A RP L
HRA PB D
T P H T
K W RAO EU TS
FR B G S
T P H
1 9
8
O
R B G S
T HR RP
1
T H O U R B G S
3 9
P H L
A EU B G
E R
S
O F
T P A RP L
HRA PB D
F P L T
12
F P L T
T P H
1 9
8
7
R B G S
6
P * PB T
3
P E R
S E PB T
O F
P H E RPB
H O U S
H O E L DZ
H A D
P R E
T A B G S
T P H B G S
O F
7
5
T H O U R B G S
```

```
 TK  HR       R      S
         O    R
   P H        R
              FR B G S
              6
   P     *      PB  T
                    9
   P       E  R
S          E    PB  T
     H A               D
 T P H          B G S
             U RPB     D
       5
 T   H  O  U R B G S
 TK  HR       R     S
              F P L T
1  3
              F P L T
       A                Z
         O    F
1                   9
                  8
              6
              R B G S
                  8
   P H     E  RPB
ST          EU
                     S
     H A               D
         O E FR
1
   P H           L
   P   AO E    P L
              FR B G S
1       5
ST          EU
                     S
     H A               D
       5
     H       U R B G S
 T   H  O  U R B G S
     H       F
1
   P H           L
   P   AO E    P L
              FR B G S
   3           7
ST          EU
                     S
     H A               D
```

```
  2
       H       U R B G S
           50
  T    H   O   U R B G S
       H        F
           5
       H       U R B G S
  T    H   O   U R B G S
     P    AO E    P L
                F P L T
1      4
                F P L T
  T
           A *  FRPBLG
     P     A    EU
  T P            R
     P H      E  RPB
      W    O     R B G
              E  R
                         S
  T P H
1                       9
                      8
                    7
      W        U               Z
                      8
  TK   HR        R       S
                        9
                      8
S                   PB   TS
     P        E  R
       H   O   U R
                F P L T
  T
   K       O       PB
ST     R   * U    B G S
      W    O     R B G
              E  R
           A *  FRPBLG
                           D
12
  TK   HR        R       S
                  6     9
S                   PB   TS
S      HR        R B
       H   O   U R
                FR B G S
     P    AO E    P L
  T P H                 T
         R    E
```

```
 T      A  EU     L
 T     RA  EU           D
        A *  FRPBLG
                        D
               6
 TK  HR        R     S
1
1
S               PB  TS
S    HR        R B
     H   O   U R
             F P L T
1       5
             F P L T
        A                Z
          O     F
1                    9
                     9
          0
               R B G S
 T
   P      *          T
          O    F     T
  K W RAO EU         TS
    W        U          Z
   P    A  EU           D
 2
     H       U R B G S
        50
 T   H   O   U R B G S
 TK  HR        R     S
             FR B G S
 T
S      R  *     P    T
               R B G S
1
     H       U R B G S
1       5
 T   H   O   U R B G S
 TK  HR        R     S
             FR B G S
 T
S  P    AO*E    B G
           E  R
          O    F     T
     H  O* U         S
               R B G S
1
     H       U R B G S
1       5
```

```
 T   H  O  U R B G S
TK  HR      R     S
           FR B G S
      A      PB     D
  P H    E    B
                  S
       O   F      T
    H  O* U       S
      A      PB     D
ST P H A *        T
            R B G S
              8 9
 T   H  O  U R B G S
      5
    H    U R B G S
TK  HR      R     S
           F P L T
```

LESSON 26
EXERCISE 5
(26-5)

P F
EU
T P *EU R S
ST A R T
D
E B G S
P HR O E R
G
K A *EUF
S
S *E FR L
K W RAO E R
S
PW A B G
F P L T
T HR S
A
S P E R BL
T P AO E L
G
T P H
S AO E
G
A
P A
HRA EU R BL
K A * FRPB
U P
K HR O E S
F P L T
T
H AO U PBLG
ST A
HRA B G
T AO EU T
S
A PB D
ST A
HRA G
P H AO EU T
S
R E
P H AO EU PB D
W U PB
O F T
K O L
U P L
S
T P H
A
K A
T H AO E D
RA L
F P L T
W U PB
T P AO E L
S
HR P L
R *E F
R E PB
R BL
A U
T P H
A
K A *EUF
F P L T
T
HR U R B S
K O
HR O R
S
K H
A UF PB
R E
T P HR E B GT
T P R T
W A U L
S
K
HR P L
PWHRAO EU PB D
W U PB
F P L T
T P H T
A R T
T P EU R BL
HRAO EU GT
O F
A
T P HRA EU P L
R B G S
W U PB
S AO E
S
T
EU PB
T P E B G
R B S
K H A RP L
O F
T P H A EU
K H U R
F P L T
P F
W U PB S
R B G S
O PB
A
TKPWHRA EU R BL
R EU PBLG
R B G S
EU
T P O U PB D
A
K A *EUF
K H F S
H EU D
PB
T P H T
R O B G
S
F P L T
PW G
K A U R B S
R B G S
EU
W E PB T
T P H
W
TKPW RA E T
K A EU R
F P L T
T P H T
P A R
R BL
HRAO EU GT
R B G S
EU
S A U
T
S H AO EU PB
G
K O
HR O R
D

ST O E PB
S
HRAO EU PB
G
T
W A U L
S
F P L T
T
S RAO U
W U Z
PW R *E T
T A EU B G
G
F P L T
T F S
T
P H O*E S
T P A S
T P H A EU T
G
K A *EUF
EUF
FR
S AO E PB
F P L T

LESSON 26
EXERCISE 6
(26-6)

P F
T
K R L
T P A EU S
D
T
S K W R U PBLG
F P L T
T
S K W RAO U
TK EU R BL
TK E
S EU G S
W U Z
A B T
T O B
H A PB D

D
TK O U PB
F P L T
TK U R GT
T RAO EU L
R B G S
T D
K O P L
O U T
T H A T
P H A PB
H A D
A
HR O PB G
R O R D
F P L T
K W RAO U Z
G
P H
T P EU B G
T EU R B S
T P H A EU P L
S
R B G S
H E
H A D
W R EU T
PB
P H
PW A D
K H E B G
S
F P L T
PW A UF
H EU Z
P U G
T P H A EU R B S
P H A PB
E R
R B G S
H E
H A D
A UF PB
PW PB
T P H
PW RA U L
S
F P L T
H E
H A D

T HRAO E
T P A EU R BL
S K A R
S
S R U L T
F P L T
H E
H A D
W U PB S
ST A R T
D
A
T P H AO E R
RAO EU
O T
W
S R EU R B S
RA EU R BL
S HR U R
S
F P L T
P F
H EU Z
T P E
R O E R B S
A PB D
HRAO EU
S E PB
R B S
A P
T AO EU T
H A D
T U RPB
D
H EU P L
T O
T P O RPBLG
G
K H E B G
S
F P L T
WH E PB
H E F S
K A U GT
R B G S
H E F S
T P H
A
KP H E R
R BL

S E PB T
E R
T RAO EU
G
T O
K A R B
A
K H E B G
F P L T
P F
H EU Z
HRA U R
H A D
P U T
U P
A
T E
T P H A EU R B S
TK E F PB S
F P L T
H E
H A D
T RAO EU
D
T O
S A EU
T H A T
*E F D
W U Z
O PBL
S EU R B G
ST A PB
R BL
F P L T
T
S K W R U PBLG
H A D
T P H O T
HRAO B G
D
HRAO EU B G
H E F S
K O PB
S R EU PB S
D
F P L T
P F
A Z
T
S K W R U PBLG
HRAO B G
D
TK O U PB
A T
T
P H A PB
T O
P R O
T P H O U PB S
T
S E PB
T E PB S
R B G S
H EU Z
T P A EU S
W U Z
TKPWHRA EU R BL
F P L T
H E
S A EU D
R B G S
K W T
UF D
A
T P A EU R
A PB D
EU P L
P A R
R BL
T RAO EU L
F P L T
EUF
HR PB D
T O
T
*E F D
F P L T
EUF
T P H O
K H O EU S
PW U
T O
T P AO EU PB D
T H A
K W R O U
TK EU D
T P O RPBLG
K H E B G
S
F P L T
EU
P H * U S
S E PB D
K W R O U
T O
S K W RA EU L
F P L T
K W TS
P F
A Z
T
S K W R U PBLG
S P O E B G
R B G S
T
P H A PB
TKPW A *EUF
A
K O PB
T E P L
R B S
ST P H AO E R
F P L T
H EU Z
HRAO B G
W U Z
T P E
R O E R B S
F P L T
H EU Z
H A EU
T R E D
O F T
S K W R U PBLG
A PB D
H EU Z
S K W RAO U
TK EU R BL
TK E
K RAO E
W U Z
P HRA EU PB
T O
S AO E
F P L T

LESSON 27
EXERCISE 4
(27-4)

P F
T P H F G S
S
K RAO U R BL
T O
T
P H O D
E RPB
W O R L D
F P L T
HRAO E D
E R
S
P H U B
T P H F D
T A U L TS
F P L T
E F PB
T P H A EU G S
S
K
T P A U L
T P
T H A EU R
T P H F G S
S
ST A EU L
F P L T
T P H
T P O RP L
E R
T AO EU P L
S
R B G S
T P H F G S
T AO B G
TK A EU
S
O R
W AO E B G
S
O R
HR O PB G
E R
T O

RAO E F P
EU TS
TK *E S
T P H A EU G S
F P L T
T O D
W
S A T
HRAO EU T
R B G S
T E L
S R EU G S
R B G S
KP AO U T
E R
S
R B G S
E TS
R B G S
W E B G
HR E RPB
A B T
EU PB
STK E PB T
S
S E B G DZ
A F
T H A EU
H A P
F P L T
P F
T H
H A Z
HR E D
T O
A PB
T P H F G S
E B G S
P HR O E G S
F P L T
T
T P H F G S
PW G
EU PB
P U T
S PW AO T
KP AO U T
E R
EU PB
K RAO E S

S
E FR
TK A EU
F P L T
T
K A
RAO E R
S
O F
P H
P AO E P L
EU PB
K HRAO U D
P U T
G
T P H F G S
S PW AO
A PB D
T A EU B G
G
T P H F G S
O U T
O F T
KP AO U T
E R
F P L T
T P H
S K W R *U S
T
P A * S
T P U
K W RAO E R
S
R B G S
T H
T R E PB D
H A Z
EU PB
K RAO E S
D
T E PB
T P O E L D
F P L T
P F
TK O
W E
S R T
S PW E L
S K W R E PB S
T O

LESSON 27
EXERCISE 5
(27-5)

E PB
TK AO U R
T H
S PW RAO U G S
O F
T P H F G S
O R
HR
W E
HR E T
EU T
S PW EU P L
TK A EU T
U S
ST P H
EU PB
A * B G S
O PB
O U R
P A R T
HR
P H AO E PB
W E
HR B
K R U R B
D
U RPB D
A
P H O U PB
T A EU PB
O F
P A EU P
E R
F P L T
T
K W E
S
WHR
W E B G
K O PB
T R O L
T
T P H F G S
E B G S
P HR O E G S
O RPB T
F P L T
T B G
E PB
H A PB S

A PB D
E PB
R EUF P
O U R
HRAO*EUF
S
T P
EU T
TK U PB T
E PB
S HRA *EUF
U S
F P L T

P F
A PB
S PW E
TKPW RA L
P A R T
O F
S PW E R
T A EU PB
G
S
PW G
R E
HRA B G S
D
F P L T
T P
U R
R E
HRA B G S
D
R B G S
K W R O U R
TKPW *E S
S
R
R B G S
T AO
F P L T
T

S E
K R E T
S
T O
EU PB
S H U R
T H A
A
S P H A U L
TK EU PB
E R
TK U Z
T P H O T
PW B G
A
H AO U PBLG
S PW E R
P RAO EU Z
F P L T
W U PB
P H * U S
S AO E
T H A
A PB
S PW EU
P H A T
TKPW A * T
E R
G
S
T P H O T
KP A PBLG
RA EU T
D
S PW AO
A
TKPW RA PB D
PW A L
F P L T
P F
WH T
TKPW *E S
S
K O P L
R B G S
T RAO EU
T O
TKPW E T
T H E P L
T O

S PW E R
R E L T
F P L T
S PW R O
TK AO U S
T H E P L
T O
AO E F P
O*E R
F P L T
S PW AO EU S
T H E P L
T O
T A U B G
F P L T
T RAO EU
T O
K AO E P
T
K FR G S
TKPW O EU PB G
F P L T
T H
TK U Z
T P H O T
P H AO E PB
UF
T O
S PW RAO U D
F P L T
EU T
O PBL
P H AO E PB
S
T H A
UF
T O B
A
TKPW RA EU R B S
H O*E S
F P L T
T P H *E FR
T P E R GT
T H A
U R
A PB
S PW E
TKPW RA L
P A R T
O F T

AO*E F PB
G
R B G S
T AO
F P L T
E PB
S K W R O EU
T
TKPW A * T
E R
G
A Z
W E L
F P L T
E PB
S K W R O EU
A PB
S PW E L
S K W R E PB T
K FR G S
F P L T
T A EU B G
A PB
S PW E R
*E S
T P H
E FR G
T H A S
TKPW O EU PB G
O PB
F P L T
T RAO EU
T O B
S PWH AO U Z
K W RA * S
EU B G
A PB D
T A U B G
T *EUF
E F PB
T P
U R
A PB
S PW R O
S P E B GT
*EUF
P E RPB
F P L T
T RAO EU
T O

S PW E R
S K W R E B GT
A
S K W R O E B G
T P
U R
TKPW AO D
A T
T E L
G
T H E P L
F P L T
T H B G
P U T
E FRPB
T P H
A
TKPW AO D
P H AO D
F P L T
P F
T HR S
W U PB
O*E R
T H EU PB G
T H A
P H U B
S A EU D
F P L T
T P H *E FR
PW RA E B G
T
P H AO D
O F T
TKPW A * T
E R
G
F P L T
T P
K W R O U R
TKPW *E S
S
R
S R G
T P U PB
R B G S
TK O E PB T
S PW E R
R U P T
T O

```
  K    AO E   P
 T      O
       A
   P HRA      PB
            F P L T
 TK     O E   PB  T
   PW
S  PW RAO  U       S
         *EUF
            F P L T
 T      O
S  PW     E  R
S K W R   E    B GT
       A
 TKPW  A  EU  P L
       A          T
 T
    W R O     PB G
 T     AO EU  P L
  K
      RAO  U  PB
 T   H    EU  PB G
                   S
            F P L T
     HR   E       T
 T   H    EU  PB G
                   S
 T P HR O E
            F P L T
S K W R  * U       S
      R   E
     HRA       B G S
       A      PB    D
          E   PB
S K W R O EU
            F P L T
```

LESSON 28
EXERCISE 4
(28-4)

P F
T HR S
T HRAO*E S
W U PB
K RA R B
A T
T H A
S PW E R
S *E B G S
E FR
TK A EU
F P L T
T S
T P H AO E R
T
S PW RA PB S
T O
A
S K AO L
F P L T
T H
H A Z
ST EU R
D
U P
T
P A RPB T
S
F P L T
P F
P AO E P L
WH O
TK RAO*EUF
HRAO EU B G
T H E R
P H A D
R O E R
T HR U T
S PW E R
S *E B G S
A T
H AO EU
S P AO E D
F P L T
E F PB
T
S PW R O
TK *U B G S
O F
A
ST O P
S AO EU PB
H A Z
T P H O T
H A U L T
D
T H E P L
F P L T
P F
T
P A RPB T
S
S R
E PB
T RAO E T
D
T
T O U PB
T O
P HRA EU S
A
T RA F B G
HRAO EU GT
A PB D
P HR EUFR
T HR
F P L T
S O
T P A R
T H E F
S H O U PB
T P H O
S PW E PB G S
O F
TK O EU PB G
T H
F P L T
H O U
T H E B G
S H O E
T P H O
S PW E R
*E S
T P H
K AO E P
G
T
K H EU RPB
S PW A B GT
S
PW E
K W R O PB D
P H E
F P L T
W E
P H *U S
P H A EU B G
S H AO U R
T H A T
K H EU RPB
R
S A EUF
F P L T
T L D
T P H O T
S PW A EU L
A
HRA RPBLG
K O* S
T O
P U T
U P
T
HRAO EU GT
F P L T
P F
T P R
T P H O U
R B G S
T
P A RPB T
S
HR F
T O
TKPW O
O PB
TK E
P H A PB D
G
T H A T
P H A T
E R
PW
K R E B GT
D

F P L T
T   S
H O E   P
D
T   H A
S   AO   PB
T
T   O U PB
HR   B
HR   E   S Z
S PW   O   L
RA   PB   T
O   F   T
S PW   E   PB   S
T P   AO E R
S
O   F   T
P   A   RPB   T
S
F P L T
HR   E   T
U   S
H O E   P
T
S PW AO EU R
P H A   T
E R
S
T P   EU   B G S
D
S   AO   PB
F P L T

LESSON 28
EXERCISE 5
(28-5)

P   F
E PBLG
K   A EU   G S
A   PB   D
EU PB
ST   R * U B G S
R
PW   B G
G
P H   R
R   E   L
S   RA   PB T
F P L T
H AO EU
S K   AO   L
ST   AO U PB T
S
R
T P H O U
HR   E RPB
G
EU PB
TK   U   B GT
*EUF
HR O   PBLG
EU   B G
T P H
S   O   P L
P HRA EU   S
S
F P L T
O*E R
S
R
HR   E RPB
G
A   B   T
T P   O   RPB
T   RA EU   D
F P L T
T
O E   L   D
R B G S
EU PB
TKPW RA EU PB
D
K   O   PB
S   E   P   T
O   F   T
T HRAO E
R   R B G S
AO E   S
S
PW   G
R   E
P HRA EU   S
D
PW   EU
T P H   U
P H   *E   T
O   DZ
A   PB   D
S   U   B
S K W R   E   B GT
S
F P L T
T
T   RA
TK   EU   G S
T P H A   L
K R   EU   B G
HR   U P L
S
T P H O
HR O   PB G
E R
EU PB
S   RAO EU
HRA   T
F P L T
T
K H A EU   PB G
T P H
P H
S K   AO   L
S   P L S
H A   B
P R O   P L
T P H   E   PB   T
F P L T
T P H   U
T P H   F   G S
A   PB   D
K W R   DZ
R
PW   G
EU PB
S K W R   E   B GT
D
S PW AO   T
S K   AO   L
S
W
KP AO U   B
RA   PB   S
F P L T
P   F
P H   R
T   H A   PB
T   H
R B G S

```
 T
  K      O      PB
S          E    P    T
        O    F
           EU   PB
ST     R  *U    B G S
S
   PW              G
           E    B G S
 T         E    PB    D
                      D
              F P L T
 T   HR        R
   P H
    WH  O
 T P H  O  U
   PW      E
     HRAO*E F
 T   H A
           E F PB
 T
           EU   PB
 T P   A        PB   T
  K              B
 T     A   U       GT
              F P L T
S      AO EU    PB   T
          *EU        S
                     S
S      R
           EU   PB
S      R   E    PB   T
                      D
   P H
 T P H     U
   P H    *E         T
        O             DZ
 T P          R
   PW R    EU   PB G
                   G
           EU   PB
ST     R  * U   B G S
 T      O
 T
  K    R   EU    B
              F P L T
   P H A      PBLG
 T        *EUF
   P HRA *           S
           EU   B G
```

```
 T        O EU
                     S
  K
 T      AO E F P
        A
  K  H AO EU    L   D
        A     B  T
S    H A  EU  P
                     S
                R B G S
 T P     O      RP L
                     S
                R B G S
        A        PB   D
  K      O
     HR O     R
                     S
              F P L T
S        O       PB G
                     S
 T P H
S      R    E   R    S
  K
 T      AO E F P
 T
        A         L
 T P    A
   PW       E        T
 T       O
        A
   3
    H          F
  K W RAO E   R
    H          F
         O E      L  D
              F P L T
   P           F
            EU       T
    W    O  U   B
            EU   PB
  K    R    E    B GT
 T        O
S       A  EU
 T   H A
        A   U     L T
       R    U     L T
                     S
       R
 T P H
              F P L T
```

```
   P     O     RPB  T
     H A        P
                    G S
       R
ST         EU     L
 T     A   EU    B G
                    G
   P HRA   EU          S
  K  H
   P   R O      P L    S
 T       O
           EU   PB
  K    RAO E               S
 T
  K  H AO EU      L  D
       AO E              S
 T P H   O      PBLG
           E F PB
   P H         R
               F P L T
 T P H      U
               R B G S
           EU   PB
           E     B G S
   P       E    PB   S
          *EUF
    W  A   EU
                         S
         O    F
   PW R    EU   PB G
                   G
           EU   PB
ST     R   * U   B G S
 T      O
   P   AO      R
           E   R
  K  H     EU RPB
       R
   PW               G
 T        *E             S
                          D
              F P L T
        A                 Z
   P H         R
 TK  HRA       R
                         S
        A       PB      D
 T     AO EU   P L
      R
           EU   PB
```

```
S     R  *E        S
                    D
             R B G S
S       O     P L
S      AO EU  PB  T
         *EU       S
                   S
   P  R   E
 TK       EU   B GT
 T   H A
 T      O    RP L
       AO E        S
  K  H    EU RPB
   P H A  EU
   PW
S  P H A     R    T
          E  R
 T   H A      PB
 T P H    EU
S         EU  PB   S
 T     AO EU  P L
   PW     E
 TKPW  A      PB
            F P L T
 T P H
  K     O     P L
                 G
  K W RAO E  R
                   S
             R B G S
    W     E
     HR
 T P H  O E
 T P
 T   H    E  RP
  K   R   E    B GT
            F P L T
```

LESSON 29
EXERCISE 4
(29-4)

P F
T
K H A EU R
P E RPB
P O U PB D
D
T
TKPW A * F L
A Z
T
T P AO EU PBL
P O R G S
O F
T H
S R R
E PBLG
K A EU G S
T P H A L
S E P L
T P H A R
K A EU P L
T O
A
K HR O E Z
F P L T
T
T AO EU T
L
O F T
S E P L
T P H A R
H B
K W T
*E T
K A L
K O PB
TK U B GT
O PB T
S K W R O B
F P L T
K W TS
A U L
S E G S
S
H B

K W AO EU T
P H O E T
S RA EU G S
T P H A L
F P L T
P F
T
T P *EU R S
P O R G S
O F T
S E P L
T P H A R
K O* FR
D
T
P O RPB S
O F
P R O G S
T P H A L
K U B GT
T W A R D
K HRAO EU PB T
S
F P L T
U PB
P R O G S
T P H A L
K U B GT
R B G S
T
S P AO E B G
E R
E B G S
P HRA EU PB
D
R B G S
W U Z
HRAO EU BL
T O
HRAO E D
T O
H O S
T EU L
K HRAO EU PB T
S
R B G S
PW A D
TK E T
S
R B G S

O R
E F PB
A
HRAO EU B
E L
S AO U T
F P L T
P F
T
S E B G D
ST A EU PBLG
O F T
S E P L
T P H A R
E B G S
P HRA EU PB
D
T
P O RPB S
O F
PW G
HR O EU L
T O
K W R O U R
KP A E PB
S W E L S
K W R O U R
KP A E PB
PW G
HR O EU L
T O
K W R O U
F P L T
E F PB
T P
K W R O U
T H EU
K W R O U R
P H G
S
A
S K O U PB
TK R E L
R B G S
PW
S *EUF L
A PB D
P R O G S
T P H A L
F P L T

K W R O U
K B
K R EU T
K A L
W O U T
K A U Z
G
P E R S
T P H E L
P R O B
S
O R
S PW E RPBL
T U R
P H O EU L
F P L T
T P
K W R O U R
KP A E PB
P R O S
P E R
S
R B G S
U R B D
T AO
F P L T
A U L S
TK O
K W R O U R
S K W R O B
A Z
PW *E S
U B G
R B G S
A PB D
HRAO B G
O U T
T P R
K W R O U R
KP A E PB
S W E L S
T P R
K W R O U R
P E R S
T P H A L
P A EU
K H E B G
F P L T
P F
T P H

T H
T P AO EU PBL
S E G S
R B G S
T
P A PBL
H A D
E B G S
P HRA EU PB
D
T
P R O G S
T P H A L
A PB D
P H O R L
O B
HR EU
TKPW A EU G S
S
W O R B G
E R
S
S R
T O
W U PB
AO T
F P L T
T P
A
P E R S
T P H A L
O R
P E R S
T P H E L
P R O B
K A U Z
S
T R U BL
W
K O
H F
W O R B G
E R
S
R B G S
EU T
AO E S
T P H O T
T P A EU
T A L

F P L T
T H E R B D
S K W R * U S
PW
H O PB
*E S
A PB D
HR *E F L
W
W U PB
AO T
F P L T
EU T
AO E S
T P H A F P
RA L
T O F
S O P L
TK EUFRPB S
S
F P L T
TK O E PB T
K W A R L
FR B G S
T A U B G
EU T
O U T
F P L T
TK O E PB T
A B GT
S K W RAO* UF
T P H EU L
FR B G S
PW
A
P R O G S
T P H A L
F P L T

LESSON 30

EXERCISE 4

(30-4)

P F
A Z
T
K O L
T P H *EU S
S
P H AO* UF
D
W *E S
W A R D
T O
S E T
L
T
T P H U
HRA PB DZ
R B G S
T H A EU
HR E F T
P H
R E
P H AO EU PB D
E R
S
PW E
H AO EU PB D
F P L T
O E L D
WH AO E L
S
T P R
ST A EU PBLG
K O E F P
S
K
ST EU L
PW
T P O U PB D
F P L T
A
S EU R B G
L
O F
ST O E PB
S
T P R
A
HR O PB G
TK E D
K A FRP
T P AO EU R
K B
R E
S RAO E L
D
PW EU
T
PWHR O E
G
TK * U S
F P L T
A PB
O E L D
K *EU L
T P R
A
P H AO EU PB
G
T O U PB
P H A EU
ST EU L
PW
S PW A B GT
F P L T
P F
T
K A T
L
TK RAO*EUF
S
HR E F T
T H A EU R
T RA EU S
S
F P L T
T
PWHRAO E F P
D
A PB D
PW R EU T
L
S K U L
O F
A
HR O* S
ST AO E R
K B
S AO E PB
T P H O U
A PB D
T H E PB
F P L T
A PB
O E L D
E L
P L
T H A
S H A EU D
D
A
P AO EU
T P H AO E R
O R
W U Z
K W RAO U Z
D
T O
H A PB G
A
R U S
HR E R
ST EU L
ST A PB DZ
F P L T
E F PB
T
HRA * S
T RA EU S
S
O F
A PB
O E L D
S A D
L
S R
T U RPB
D
U P
F P L T

LESSON 30
EXERCISE 5
(30-5)

```
  P         F
    H    E F       S
    HR        P L
T P H      U  P L
T P  R           T
 K     O E    L    D
      A              Z
    H    E
S     A          T
       O      PB T
  P    O   R
            F P
            F P L T
    H    E F       S
   W  A EU       T
                G
T P         R    T
  PW       U       S
            F P L T
    H    E
  P        U    L
                   D
T
T P HRA            S
              B G
T P  R
    H    EU          Z
  P    O      B GT
      A       PB   D
T     AO      B G
      A
TK   R   EU   PB
              B G
            F P L T
      A    UF
T P H            T
TK       EU        S
T     A       PB   S
            R B G S
    H    E
S     A    U
T
    HR   EU      T
                L
S   H      U     T
```

```
                    L
   PW         U          S
 K        O        P L
                     G
                F P L T
     H     E
  P        EU    B G
                        D
              U  P
T
S        A        B G
 K        O      PB
T        A  EU   PB
                     G
     H     EU            Z
     HR     U    PB
                F P
                F P L T
     H     E
T    H     E     PB
    W    A    U    B G
                        D
          O   U        T
T         O
  P H AO E             T
T
  PW          U          S
                F P L T
  P             F
T
     R O E              D
    W         U          Z
TK       A     FRP
T P  R                 T
     RA     EU   PB
                F P L T
         A
TK          EU           S
T        A       PB    T
     RA     EU   PB
  PW      O E
TK                R B
T P H A     EU
 K   H        U R
          AO E           S
  P    R    EUF P L
TK                R B
         A        R
                F P     D
  PW      O*    F
```

```
T
T      RAO E
                          S
                 F P L T
           A                Z
        H     E
  K   HRAO EU    P L
                           D
T
ST           E   P
                          S
S   PW  AO              T
    PW          U         S
                   R B G S
        H     EU            Z
S             EU    L
                     B G
        H A       PB
  K          E  R
  K   H      E F
 T P HRA          P
                           D
 T P H                  T
      W       EU  PB       D
                 F P L T
        H     E
S          A            T
 TK        O    U  PB
           A       PB      D
  K     RA    EU           D
                      L    D
        H     EU            Z
        HR      U  PB
                 F P
 T P H
        H     EU            Z
        HRA          P
                 F P L T
 T      H     E    PB
        H     E
              EU   PB
 TK             U     L
                   PBLG    D
        H     *EU  P L  S
      W
           A
S             E    B G     D
 TKPW           U     L
                     P
 T P   R                T
```

T P HRA S
B G
F P L T
A Z
T
T P A RP L
PW EU L D
G S
TK W EU PB D
L D
PW E
H AO EU PB D
T
PW U S
R B G S
H E
S H U T
H EU Z
K W RAO EU
S
A PB D
S HR E P T
F P L T
H EU Z
H E D
S A PB
B G
TK O U PB
T O
H EU Z
K H *E S
F P L T
P F
H E
TKPW A *EUF
A
HR EU T
L
K W R E L
P
A Z
T
TK RAO*EUFR
W O E B G
H EU P L
F P L T
H E
HRAO B G
D
O U T

T
W EU PB
TK O E
A T
T
P UFRP
S
T P H
T P R O PB T
O F T
ST A EU G S
F P L T
T F S
T AO EU P L
T O
TKPW O
T O
W O R B G
F P L T

LESSON 30
EXERCISE 6
(30-6)

P F
T
S P H A U L
R E L
P L
H A D
H A D
E FR
S O R T
O F
TKPW O* F T
F P L T
T
P AO E P L
H A D
T P H O E PB
T P A R B
EUF P L
R B G S
KP H AO U PB
EUF P L
R B G S
A PB D
K O PB

ST A PB T
P H EU L
T R EUF P L
F P L T
A F
7
H U R B G S
K W RAO E R
S
O F
T P AO EU GT
G
R B G S
T H A EU
H A D
A T
HRA * S
S E T
L D
TK O U PB
F P L T
T
O PBL
R E
P H AO EU PB D
E R
O F T
P A * S
S T
A EU PB
S H E PB T
O B
HR EU S
B G
K H
ST A PB DZ
T P H AO E R
T
T P H U
K H U R
F P
F P L T
T F S
PW EU L T
T O
KP H E P L
RA EU T
T
T RAO P
S

WH O
H A D
P H A R
F P D
T HR U T
T O U PB
A PB D
TK AO EU
D
T HR
F P L T
P F
T P H AO E R
T
O B
HR EU S
B G
ST A PB DZ
A
PW RAO EU GT
K AO E
O S
B G
K H T
S U PB
K
P AO E P
T HR U
F P L T
P H
T AO U R
*EU S
S
S R
T P EU L
P L D
EU T
F P L T
A Z
TK U S
B G
T P H AO E R
S
R B G S
A
P HR UFRP
W O P L
W A U B G
S
S PW AO
T O U PB
W
H E R
S H AO E P
F P L T
S H E
W A E R
S
A
PW RAO EU GT
S K A R
F
O PB
H E R
H E D
F P L T
T P H T
S H AO EU PB
O F
A
HRAO EU GT
PW U L
B
H U PB G
PW EU
T
TK AO R
R B G S
H E R
P EU PB
B G
K H AO E B G
S
K B
S AO E PB
F P L T
A
K W R U PB G
PW O EU
R U PB
S
P A * S
W
A
PW U B GT
O F
TKPW O E T
AO E S
P H EU L
B G
F P L T
O PB
A
S AO EU D
ST RAO E T
R B G S
W U PB
H A E R
S
T
RA T
L
O F
A
S K W R U PB
B G
K A R T
F P L T
A Z
T
S U PB
S E T
S
R B G S
T
K R EU S
P
T P H AO EU GT
A EU R
S
ST EU R
D
PW EU
A
W EU PB D
PWHR O E
G
T HR U T
PW EU R
F P
T RAO E
S
F P L T
P F
T S
H A R D
T O
PWHRAO*E F
T
S K W R E PB T

```
                L
   P   A           S
 T P      EUF P L
        O   F
 T   H
     HRA      PB    D
       A    F
S       O
     HR O     PB G
       A
 T     AO EU   P L
        O   F
    W  A     R
       A      PB    D
ST    RAO EUF
            F P L T
    W R
   PW  A          T
                L  S
    W      U  PB   S
      RA  EU  PBLG
                    D
             R B G S
 T   HR            S
  K    A   U  P L
            F P L T
    W R
   P   AO E   P L
ST    R    U     G
                L   D
             R B G S
 T   HR            S
        O     PBL
S      AO EU
     HR   E   PB   S
            F P L T
 T P
        O     PBL
 T
      R *E        S
        O   F     T
    W   O    R  L   D
  K     O  U    L   D
 T P   AO EU  PB    D
    WH A
 T   H AO E          Z
   P   AO E   P L
S     R
 T P    O  U  PB    D
STKPWHR     F P L T
```

LESSON 31
EXERCISE 5
(31-5)

```
  P        F
T
 K     O  U  PB
T        EU
T P   A  EU R
ST     A     R     T
                     S
T P H   *E     B G S
   W  AO E     B G
              F P L T
T   H A
  P H AO E    PB
                     S
T   H A
  P H
   W     EU   P L
     HR
S  P       E    PB      D
T   H
   W  AO E     B G
T P   AO  U R
S    HR   EU
 K    AO       B G
                  G
      A        PB      D
  PW  A  EU    B G
                  G
              F P L T
TKPW RA  EU
S     R   EU
                     S
              R B G S
  P   AO EU
                     S
              R B G S
      A        PB      D
S    H    EU   P L
     R    EU
S K W R   E      L
     HR   EU
                     S
     HR         B
  P  R    E
  P   A  EU R
                        D
```

```
              F P L T
S K W R    U  PBLG
                     S
      AO E
 T         U  PB G
                     S
    HR
      AO E        G
         E  R
    HR   EU
      A       PB
 T       EU          S
   P  A  EU        T
 T    A *EU          S
                  G
 T  H AO E              Z
 TKPW AO               D
 TK      EU
                     S
              F P L T
  K W R    U  PB G
  K  H     EU RPB
    HR          B
S     AO  U        T
   PWHR  EU
  K        U R
      R  EU
                  G
       O    R
   PW  A *EU       T
                  G
 T  H A  EU R
      A       PB
   P H A        L
                     S
              F P L T
 T  H A  EU R
   P  A     RPB  T
                     S
   P H A  EU
   PW
 TKPW A *          T
         E  R
                  G
 T  H    EU  PB G
                     S
 T P        R      T
  K  H A  EU R
 T       EU
      A * U    B G S
```

```
              F P L T
   P          F
    WH                T
 T P  A  EU R
ST    A     R     T
                     S
               R B G S
 T   HR
     HR          B
 T P       U  PB
 T P        R
          E FR B
              F P L T
      RAO EU            DZ
               R B G S
 TKPW A  EU  P L
                     S
               R B G S
      A       PB     D
S   H O E
                     S
 T     O
 TK       E
     HRAO EU      GT
   W       U  PB
       AO E          S
 T P  A       PB
S         EU
     HR          B
 T   HR
              F P L T
  PW       U R
     HR   EU
  P H    E    PB
     HR
 T    RAO EU
 T     O
       R  EU  PB G
 T
  PW      E     L
   W
      A
  P H AO EU      GT
 T        EU
    H A      P L
          E  R
  PWHR O E
              F P L T
 TKPW A   EU
     HR   EU
```

K HRA D
K W R U PB G
HRA EU
TK EU
S
HR
T P HR EU R T
W
K W R U PB G
P H E PB
F P L T
PW RAO EU GT
HR EU
HR EU T
S AO EU PB
S
HR
P H A PBLG
K HR EU
PWHR EU PB
B G
O PB
A PB D
A UF
F P L T
A
T P U
HR U B G
K EU
P AO E P L
HR F
PWHR U
R EU B
PW O PB
S
T O
T A EU B G
H O E P L
F P L T
O*E R
S
HR
TKPW O
H O E P L
W
O PBL
P H E P L
R EU
S
O F

A
T P U
TKPWHR EU T
R EU
H O U R
S
F P L T
WHR
T H A EU
W EU PB
A
R EU B
PW O PB
O R
O PBL
S R
T P U PB
S
T P H O T
T RAO U
HR EU
P O RPB T
F P L T
T
T P A EU R
S
O PBL
T E P L
P RA EU R
FR B G S
EU T
S T
P H E P L
R EU
S
T H A
HRA * S
F P L T

LESSON 31
EXERCISE 6
(31-6)

P F
T
P HRA EU
ST A R T
D

P R O P L T
HR EU
A T
9
K HR O* B G
F P L T
T
K A * S
W U Z
K AO U R
S HR EU
K HR O*E T
D
T P H
K O S
T AO U P L
S
T P R T
P H EU D
L
A EU PBLG
S
F P L T
T
P HR O T
O F T
P HRA EU
TK E L T
W
A PB
EU PB
S A EU PB
HR EU
S K W R E L
O U S
P H A PB
WH O
K EU L
D
H EU Z
W AO EUF
T P H
A
T P EU T
O F
RA EU PBLG
F P L T
H E R
PW R O* T
E R

W U Z
P H EU S
T A EU B G
PB
HR EU
T P O U PB D
TKPW L T
A PB D
H A PB G
D
F P L T
H EU Z
TKPW O*E S
K A EU P L
PW A B G
T O
H A U PB T
T
TK U S
T EU
R B G S
TK EU PB
S K W R EU
K A S
L
A PB D
T O
S AO E B G
R E
S R E PB
PBLG
F P L T
T
S K W R E L
O U S
PW R O E RPBL
S
T P AO EU PBL
HR EU
K EU L
D
PW EU
T
TKPW O*E S
F P L T
P F
WH AO EU L
T
P HRA EU
P H A EUF

HRA B G
D
K R E D
BL T
R B G S
T F S
ST EU L
T P U PB
F P L T
A F
A U L
R B G S
PW E
HRAO*E F BL T
S
T P H O T
T P H E S
F P L T
EU
E S
S P E R BL
HR EU
HRAO EU B G
D
T
P A R T
W R T
TKPW O*E S
RA PB
T P RA PB T
K HR EU
T HR U T
K A S
L
F P L T
P H EU
S *EU S
E R
P R E
T P E R
D
T
P A R T
W R T
S K W R E L
O U S
P H A PB
W U Z
HRAO E P
G

P H A D
HR EU
A B T
T RAO EU
G
T O
E S
K A EU P
T
TKPW O*E S
F P L T
P F
WH AO EU L
TK RAO*EUF
G
H O E P L
R B G S
TK A D
TK EU
T O E L D
T
T P A P L
HR EU
T H A T
P HRA EU
S
PW A EU S
D
O PB
H EU S
T R EU
F P L T
EU T
S AO E P L
S
T H A
A
S EU P L
HRA R
EU PB
STK E PB T
S
S A EU D
T O F
H A P
D
T P H
EU T
HR EU
T P H

```
1         50
          O
               F P L T
    W      E  RP
 T P H  O           T
  K     O      PB
S     R    EU  PB   S
                     D
 T             F    S
     H     EU       S
 T      O     R
  K  HR    EU
        A        B G
       RA           T
              R B G S
   PW       U
 TK    RA
   P H A            T
  K  HR    EU
 T
   P HRA   EU
    W       U          Z
 T P        U  PB
               F P L T
   P           F
    W      E  RP
           E        S
S  P       E  R BL
     HR    EU
     H A       P
   P       EU
    WH     E   PB
 TK     A            D
 TK        EU
 T      O E     L    D
            U       S
 T   H A
    W      E     B G D
   P  R O E     BL
 TKPW   O
 T      O
 T
 T P H   *E      B G S
   P HRA   EU
               F P L T
 T   H A
    W       U  PB
    W   O   U    B
        A
   P H     EU       S
```

```
 T    R    EU
ST       O E   R
      R    EU
S          E       T
 T P H
         A       PB
           O E     L    D
 T P     A        B G
 T    R    EU
              F P L T
```

LESSON 32
EXERCISE 5
(32-5)

P F
P H UF P
O F T
ST EU
U PB DZ
W E PB T
A
R E
T P H U L
A PB D
P H O D
E RPB
S A *EU G S
P R O
TKPW RA P L
F P L T
O E L D
PW EU L D
G S
W R
T O RPB
TK O U PB
O R
R E PB
S RA EU T
D
K W RAO U Z
G
T P H U
K W RAO U PB
T AO EU Z
D
R B G S
P H O PBLG
HRA R
P H *E T
O DZ
F P L T
PW E T
E R
H O U S
G
W U Z
PW EU L T
T O
R E
P HRA EU S
T
O E L D
S HR U P L
S
R B G S
PW U
W O U T
T
TK E
P R E S Z
G
K W RAO U PB
T P O RP L
T EU
T P O U PB D
E L S
W R
F P L T
P H
P AO E P L
S R
HR R
E B G S
P R E S Z
D
TK E
HRAO EU GT
A T
S R G
S O L
EU D
T P HRAO R
S
U PB DZ
T P AO T
F P L T
T H E RP
H A P
P EU
T O
HRAO*E F
T H A EU R
O E L D
U PB
T P EU T
H O E P L
S
F P L T
P F
AO E F P
H O U S
G
K W RAO U PB T
W U Z
PW EU L T
O R
R E
PW EU L T
U RPB D
T P PB S
G
T P R T
ST EU
R B G S
ST A EU T
R B G S
A PB D
T P E D
RA L
TKPW O* F T
S
F P L T
T P H O
P R O
S K W R E B GT
O F
T H
P H A G
T P H EU
T AO U D
K O U B
TK O E PB
K W RAO U PB
HRA T
RA L
HR EU
F P L T
T H
P HRA R
P R O
S K W R E B GT
W U Z
K W RAO U
T P H AO E B G
T P H
T H A T
T P H O R
P H A L

TK EU S
R U P G S
W U Z
T P H O T
T P O U PB D
F P L T
P F
T
S PW AO EU R
W O R B G
W U Z
P HRA PB
D
W
K A EU R
S O
T H A
T P H O
W U PB
W O U B
P H AO* UF
D
T P H L
A
T P H U
H O E P L
W U Z
R E D
TK EU
F P L T
T P R
T H
R PB
R B G S
T HR RP
T P H O
U PB
H A P
P EU
S EU T
S *E PB
S
F P L T
T H
H A B
U PB
T RAO U
E L S
W R
F P L T
P F
T H
P R O
TKPW RA P L
H A Z
TKP H O PB
ST RA EU T
D
WH A
TKPW O* F T
S
A PB D
P AO E P L
W O R B G
G
T P H
K W RAO U PB
S O PB
K
TK O
F P L T
EU T
S H O E
S
T H A
P HRA PB
G
K
U PB
HR O B G
TK AO R
S
A PB D
S O L
* F
P R O B
S
F P L T

LESSON 32
EXERCISE 6
(32-6)

P F
T P H L S
T
S EUF P
W A EU G S
K H A EU PB G
S
T P H T
T P H *E B G S
T P U
K W RAO E R
S
R B G S
T HR
HR B
T H O U
S
O F
U PB
HR O* F
D
A PB D
U PB
W A PB T
D
A PB
P H A L
S
F P L T
TK AO U
T O
HRA B G
O F
K A EU R
A PB D
K O PB
S E RPB
R B G S
P E T
S
S R B
HR E F T
T O
R E
P R O
TK AO U S
A T
HR
F P L T
T H
P H AO E PB
S
T H A
TK O Z
PB S

```
O F
U PB
W A PB T
D
A PB
P H A L
S
R
PW G
PW O RPB
E FR
S E B G D
F P L T
HR R
R O*E F
G
PW A PB DZ
O F
W AO EU L D
TK O G
S
R
T HR E T
PB G
T O
U PB DZ
P H AO EU PB
HRAO EUF
T P H
P H
ST EU
S
F P L T
P F
A U L
O F
T H
K O U B
E PB D
D
T P H
A
S H O R T
T AO EU P L
F P L T
P E T
O E PB
E R
S
S R
```

```
O PBL
T O
HR E T
T H A EU R
P E T
S
U PB DZ
TKPW O
A
S EUFRP
L
ST E R L
S A *EU G S
O P
RA EU G S
F P L T
T P T
PW *EU R T
RA EU T
W R
R E
TK AO U S
D
T O
A
K W RAO U PB
T P O RP L
HR O E
RA EU T
R B G S
T HR L D
ST EU L
PW
P HR E PB
T EU
O F
P E T
S
F P L T
T
O PBL
T H EU PB G
T H A L D
K H A EU PB G
S
T H A
U PB
W A PB T
D
A PB
```

```
P H A L
S
W O U B
TKPW O PB
F P L T
P F
T L D
P R O E BL
PW
U PB
R PB
BL
T O
H O E P
T H A
P AO E P L
HR
S R O L
U PB
T AO E R
T O
TK O
T H
F P L T
P AO E P L
R
U PB
HRAO EU B G
HR EU
T O
TK O
S O
W O U T
P R O D
G
F P L T
T S
A PB
U PB
H A P
P EU
T P A B GT
T H A
P H O*E S
P AO E P L
R
U PB
HR G
T O
S P E PB D
```

A
T P U
TK HRA R
S
T O
ST O P
T
P E T
P O P
HRA EU G S
E B G S
P HR O E G S
F P L T
EU T
S AO E P L
S
T H A
HRA U
S
HR F
T O B
P A S Z
D
F P L T
T S
U PB
S E RPB
WH E PB
T H
HR
H A P
R B G S
PW U
EU T
HR B
S AO PB
F P L T
P E T
S
HR F
T O B
ST E R L
AO EU Z
D
U RPB D
P E PBL
T EU
O F
T P AO EU PB
O R

S K W RA EU L
F P L T
T RAO U
P E T
HR O* FR
S
S H O U L D
K W RAO U
T P H AO EU T
PW E
H AO EU PB D
T H
K O PB
S E P T
F P L T
U PB
W A PB T
D
P E T
S
R
O F
T P H O
K W RAO U S
T O
S O E T
F P L T

LESSON 33
EXERCISE 4
(33-4)

P F
W E B G
T P H O U
T RA EU S
H O E
P H O E
S A EU P
K W R E PB
S
AO E
A PB
S E S
T R EU
PW A B G
T P H AO E R
HR EU
2
P H L
K W RAO E R
S
F P L T
WH AO EU L
T
A B G
K H U L
TK E
T A EU L
S
R
T P H O T
T O E T
HR EU
K HRAO E R
R B G S
T S
PW E
HRAO*E F
D
T H A
H AO U
P H A PB
H F
HRAO EU B G
K RAO E
K H U R
S
W R
T P H
A F
R EU
K A
T H A
T P A R
PW A B G
F P L T
S RA EU R
K W R O U S
TK EU G
S
S R
R E
S RAO E L
D
S K U L
S
A PB D
O*E R
PW O E PB
S
O F
T H AO E Z
A EU P
H F
P H E PB
F P L T
E F PB
T H AO E Z
E R L
K W R *E S
P R E
H AO U
P H A PB
S
H A D
T
K W RAO U S
O F
T AO L
S
F P L T
PW EU T
S
O F
K H EU P
D
ST O E PB
R
T P O U PB D
W T
PW O E PB
S
F P L T
P F
T H AO E Z
E R L
HR EU
H AO U
P H A PB
H F
HRAO EU B G
K RAO E
K H U R
S
W R
RA * T
E R
S P H A U L
F P L T
T
P H A E L
S
AO E
P H AO E D
K W RA PB
H AO EU GT
W U Z
A RPB D
4
T P AO E T
F P L T
T
T P AO E
P H A E L
S
W R
E F PB
T AO EU PB
K W R E R
F P L T
W E
TK O
T P H O T
T P H O E
A
TKPW RA E T

TK AO E L
A B T
T
W A EU
T H A EU
HR *EUF
D
A Z
K W R E T
F P L T
T H E RP
P R O E BL
S R E PBLG
T A EU RPB
S
F P L T
T H A EU
P H A EU
S R D
P H A E T
T P H O U
A PB D
T H E PB
WH E PB
S O P L
PW AO*E S
A EU T
O PBL
P A R T
O F
EU TS
P RA *EU
F P L T
T H A EU
HR *EUF
D
T P H
S P H A U L
PW A PB DZ
T P R
P H AO U
K H A L
P R O
T *E B G S
F P L T
WHR
T H A EU
H A D
HRA PB G
W A PBLG

O R
R EUF P
K W RAO U L
S
S
U PB
T P H O E PB
F P L T
T S
S E RPB
T H A
T H E RP
T P H O T
T P A
P H EU L
K W RA R
W
T P AO EU R
A Z
A
T AO L
S EU PB S
T P H O
*E F D
O F
K A FRP
T P AO EU R
S
H A B
T P O U PB D
F P L T

LESSON 33
EXERCISE 5
(33-5)

P F
EU T
S T
T P H A EU
K H U R
O F
H AO U
P H A PB
S
T O
S AO E B G
T P H O PBLG

F P L T
T P R T
TK A U PB
O F
H EU S
T R EU
A PB D
E F PB
PW FR
R B G S
H AO U
P H A PB
S
S R
W A PB T
D
T O
T P H O E
WH AO EU
F P L T
O U R
EU PB
S A EU R B
BL
TK E
S AO EU R
T O
T P H O E
H A Z
TK R *EUF PB
U S
T O
E B G S
P HR O E R
T
S PW AO EU R
W O R L D
F P L T
T P H O U
W E R
TKPW RA PBLG
HR EU
P H AO* UF
G
O U T
S PW AO T
E B G S
P HR O E
RA EU G S
O F T

K W RAO U PB
S R E R S
F P L T
HR R
W E F
TKPW O PB
S PW AO T
S RA B G
K W RAO U P L
O F
S P A EU S
P H
T AO EU P L
S
F P L T
O U R
TKP H EU PB
K W R O PB
S
S HR O E
HR EU
S P R E D
G
O U T
T P R
*E R T
F P L T
P F
A Z
O U R
T P A B G
K H U L
T P H O PBLG
O F
S P A EU S
EU PB
K RAO E S
S
R B G S
O U R
P H A
K H U R
T EU
A Z
S P A EU S
E B G S
P HR O E R
E R
S
HR

TKPW R O E
F P L T
A Z
T
P H AO E D
K W R U P L
O F
S P A EU S
PW B G S
P H R
T P A
P H EU L
K W RA R
R B G S
W E
HR
P U R B
O U T
T P A * R T
E R
F P L T
P F
T
P EU B G
K H U R
T P R T
T P AO U
K H U R
O F
S P A EU S
T RA * F L
S
S R R
PW RAO EU GT
F P L T
S AO EU PB T
*EU S
S
R
HR R
T A U B G
G
A B T
S R O EU
A PBLG
S
T O
TK EU S
T A PB T
W O R L DZ

F P L T
T P H U
R O B GT
S
P O U
E R
D
PW EU
K W RAO U
RA EU PB
K W R U P L
O R
O*E R
T P AO U L
S
R
PW G
P HRA PB
D
F P L T
S RA L
K W RA PB T
P H E PB
A PB D
W EU P L
R
U PB DZ
TKPW O EU PB G
T RA EU PB
G
T O
P AO EU L
O T
T H E P L
F P L T
K O P L
P AO U T
E R
S
R
S EU P L
HRA EU T
G
T
A B G
K H U L
K PB S
O F T
T R EU P
S

```
            F P L T
       A           S
 T    R O     PB
   P H    E  R
                   S
      R
 TKPW  A *        T
          E  R
                 G
S     R   EU R BL
       A      PB    D
      RA  EU        D
  K W R O E
 T P H      F    G S
 T P         R
S  P   A  EU       S
 T P H A *  F
 TKPW  A  EU     G S
            F P L T
   P        F
        O  U R
  K    AO  U R
  K W R O          S
 T        EU
       A       B  T
S  P   A  EU       S
       A      PB    D
          EU  PB
 T P   A    F P
    W  A  EU     G S
    W
          EU      T
S    H  O E
 T P H  O
S      AO EU  PB
                   S
        O   F
 TKP H    EU  PB
          EU R B
                 G
            F P L T
 T P H
        O  U R
     HRAO EUF
 T     AO EU  P L
             R B G S
    W     E    B G
          E    B G S
   P      E    B GT
 T      O
```

```
S      AO E
 TKPW RA      PBLG
  K W RAO  U    L
   PW      U
       A   UF PB
S  P      E    B G
 T     A       B G
     HRA     R
       A            D
S     RA      PB   S
                   S
 T P H            T
          E    B G S
   P HR O E
      RA  EU     G S
        O   F
S  P   A  EU       S
            F P L T
        O  U R
 T   H   *EU R     S
 T      O
 T P H  O E
   P H A  EU   B G
                   S
 T   H
S         E  RPB
            F P L T
```

LESSON 34
EXERCISE 4
(34-4)

P F
T
HRA EU T
P H A EU
K W R O R
W U Z
W E L
HR O* F
D
PW EU
T
S EU T
S *E PB
S
F P L T
T
WH O E L
T O U PB
S
T P H
P H O U RPB
G
F P L T
H EU Z
W EU D
TK O E
S
E B G S
T RAO E P L
HR EU
U P
S E T
F P L T
H E R
T P R E PB DZ
S A EU
T H A
S H E
S EU T
S
A PB D
W R EU PB G
S
H E R
H A PB DZ
F P L T
T P R
T AO EU P L
T O
T AO EU P L
R B G S
S H E
WH AO EU PB
S
O R
PW * U R S
S
S PW AO
T A E R
S
F P L T
P F
T
HRA EU T
P H A EU
K W R O R
H A D
TKPW *EUF PB
T
T O U PB
A
PW O E L D
E R
T P O RP L
O F
HRAO E D
E R
S H EU P
F P L T
H E
S U B G
S AO E D
D
T P H
PW R EU PB G
G
A
TKPW RA E T
TK AO E L
O F
T P H U
ST R EU
T O
T
A EU R
K W RA
F P L T
W
H EU Z
K O PB
T A EU PBLG
O U S
E PB
T H AO U Z
K W RA F P L
R B G S
H E
H A D
R E
T P H U
D
O U R
T O U PB
F P L T
H EU Z
S AO E R
K W R O U S
A PB D
K RA EU PBLG
O U S
TK RAO*EUF
T O
RAO EU GT
O U R
W R O PB G
S
HR
P RAO* UF
T O B
A
TKPW RA E T
S U B G
S E S Z
F P L T

LESSON 34
EXERCISE 5
(34-5)

P F
K R
T
A PB T

F P L T
T H
T AO EU
T P H *EU
K RAO E
K H U R
S
W U PB
O F T
P H O*E S
T P A B
HR O U S
T P H
T P H A EU
K H U R
F P L T
H E S
A EU BL
T O
HR EUF T
A
WH O E L
HRAO E F
T E PB
T AO EU P L
S
A Z
H *E F
S R EU
A Z
H E S
F P L T
H EU Z
WH O E L
S O E T
S
H AO EU
HR EU
ST R U B G
K H U R
D
F P L T
AO E F P
A PB T
H A Z
H EU Z
T A S
B G
T O
P E R

T P O RP L
F P L T
W U PB
ST R U G
L S
T O
W R *E S
A
P AO E S
O F
T P AO D
S PW AO T
H O E L
K H
S E FR B
S
A Z
A PB
S PW RA PB S
T O
T
A PB T
AO E S
T P H *E S
F P L T
AO T
A PB T
H A Z
T
S K W R O B
O F
P R O
T E B GT
G
T
K W AO E PB
F P L T
O*E R
A PB T
S
P H AO* UF
P E BL
S
K H R
HRAO EU B G
PW O U L D
E R
S
T O
T H E P L

F P L T
T H A EU R
S AO E P L
TKPWHR EU
K O PB T
K W R O U S
A B G
T *EUF
T EU
S
AO E B G
W A L
HR EU
T P A PB
T A * S
EU B G
F P L T
T H A EU
T P H *E FR
S AO E P L
T O
R *E S
F P L T
A PB T
S
R
T P A EU P L
O U S
T P R
T H
T P AO U R
K W R O U S
A B G
T *EUF
T EU
F P L T
T
A PB T
S
T RAO U
HR EU
W U PB
O F
T P H A EU
K H U R
AO E S
W O PB D
E R
S
F P L T

LESSON 34
EXERCISE 6
(34-6)

P F
T
HRA EU Z
E R
R E P T
S
A
T P H U
K HRA S Z
O F
P H A
S H AO E PB
F P L T
T
HRA EU Z
E R
E PB
A EU BL
S
W U PB
T O
TK R E B GT
A
RA EU
S O* R
T H EU PB
PW AO E P L
O F
HRAO EU GT
W
P EU PB
P O EU PB T
P R E
S EU G S
F P L T
T
HRA EU Z
E R
K B
K W RAO U Z
D
T P R
P H
T H EU PB G
S

F P L T
S AO EU PB T
*EU S
S
S R
O PBL
TKPW E S Z
D
A T
S O P L
F P L T
P F
W U PB
P R O P L S
G
A EU R
K W RA
S
T P H
KP H AO U PB
K A EU G S
S
F P L T
HRA EU Z
E R
S
K O U B
K W RAO U Z
D
T P R
K R O S Z
G
TKPW RA E T
E P L
T EU
S P A EU S
S
W
HRAO EU GT
PW AO E P L
S
K A R
R EU
G
P H E S
S A PBLG
S
F P L T
T P H O
P O U

E R
HRAO EU PB
S
O R
K A EU BL
S
W O U B
T P H E S
F P L T
P F
AO T
K W RAO U S
O F T
HRA EU Z
E R
S
T P R
K U T
G
F P L T
A
HRA EU Z
E R
K B
K W RAO U Z
D
A Z
A
S O R T
O F
HRAO EU GT
S EU Z
S O R S
F P L T
O B T
S
K B
K U T
T P AO EU PB
HR EU
A PB D
K HRAO E PB
HR EU
F P L T
HR R
HRA EU Z
E R
S
R
K W RAO U Z

```
D
T P H
S O P L
H O P T
S
T P R
TK E L
K A T
O P
RA EU G S
S
A PB D
T O
K A U T
RAO EU Z
S E RPB
T AO EU P
S
O F
W AO U PB DZ
F P L T
P F
T HRAO E
TKP H E PB G S
T P H A L
T E L
S R EU G S
A PB D
P H AO* UF
S RAO E
S
P H A EU
K O P L
T P R
HRA EU Z
E R
R E
S E R
F P
F P L T
E PB G
T P H AO E R
S
R
PW EU Z
HR EU
K H E B G
G
T
P O BL T
```

```
S
F P L T
W E R B D
RA E L
AO EU Z
R U L T
S
T P R
T H A EU R
W O R B G
T P H
A
T P U
K W RAO E R
S
F P L T
P F
S AO EU PB T
*EU S
S
A L S
S U R
P H AO EU Z
T H A
HRA EU Z
E R
S
P H A EU
PW
K W RAO U Z
D
A Z
A
PW A EU
S EU S
T P R
S PW E R
P HRA PB
T A EU R
R O B GT
S
F P L T
R O B GT
E PB
S K W R EU PB
S
PW G
TK R *EUF PB
PW EU
A
```

```
T P H AO U B G
HRAO E R
E PB
S K W R EU PB
W O U L D
K W RAO U Z
A
S AO U P
E R
HRA EU Z
E R
AO E S
HRAO EU GT
PW AO E P L
T O
P U R B
T
R O B GT
F P L T
S UF P
A
S H EU P
K O U L D
RAO E F P
H AO EU
S P AO E DZ
A PB D
K R O S Z
S RA * S
TK EU S
T A PB S
S
T P H
S P A EU S
F P L T
P F
HRA EU Z
E R
W E L D
G
S
HR R
H AO E R
F P L T
HRA EU Z
E R
S
K
T P AO U Z
P H E T
```

```
  T         A                 L
                                      S
S           R             R
    K   W           EU        B   G
          HR        EU
                        F   P   L   T
              A
  TK                E           L
    K         A                     T
      PW            EU              T
                O       F
      PW    RA                        S   Z
        W           E           L       D
                                  G
    K                         B
  TK            O   E       PB
  T   P   H
              A
  T   P     RA    *           B   G   S
                O       F
              A
S                   E         B   G     D
                        F   P   L   T
      P                 F
  T
        W           EU                    Z
              A           R             D
            R       EU
                O       F
      P   H     O                       D
                    E     RPB
S             AO    EU      PB        S
          HR
S         H   AO      U   R
          HR        EU
  T   P       AO    EU      PB          D
      P   H
      P   H               R
  TK          A                           Z
                                LG
    K   W   RAO       U               S
                                      S
  T   P                   R         T
          HRA       EU                    Z
                    E     R
                        F   P   L   T
```

LESSON 35
EXERCISE 2
(35-2)

1
F P L T
P U T
T
K A R T
O PB T
P A T
K W R O E
F P L T
2
F P L T
EU
S AO E
T
R O E D
S
AO EU S
S EU
TKPW E PB
F P L T
3
F P L T
EU
TK AO EU PB
D
O PB
PW A
T P H A
T P H A
S
A PB D
S O E
TK A
F P L T
4
F P L T
W U Z
T H A
P H AO* UF
S RAO E
T P A B GT
O R
T P *EU B G S
ST P H
5
F P L T
T H S
T P H AO*E T
E R
P H AO EU PB
T P H R
K W R O U R S
F P L T
6
F P L T
P H EU
RA EU Z
EU PB
K HRAO U D
D
A
HRA RPBLG
PW O E
T P H U S
F P L T
7
F P L T
EU
S A T
EU PB
S AO EU D
T P H L
T
K U R
T P AO U
W U Z
O E FR
F P L T
8
F P L T
TK O
K W R O U
T H EU
H E
HR
S U R
S RAO*EUF
O R
P E R
EU R B
ST P H
9
F P L T
T
P H AO E T
G
S AO E P L
D
T O
TK RA G
O PB
A PB D
O PB
F P L T
1 O
F P L T
H O U
T P A * S
TK EU D
T
K A R
TKPW O
PW FR
EU T
W R E B G
D
ST P H
1
1
F P L T
RA E D
P H E
T
S U P L
O PB T
PW O T
O P L
O F T
P A EU PBLG
F P L T
12
F P L T
T
P H A PB
E
RA EU S
D
A U L
*E F D
O F
H EU Z
*E R
R O R
F P L T
1 3

F P L T
H E
H O E P
D
T O
P R O F T
T P R T
P R O F
E T
AO E S
W EU Z
TK O P L
F P L T
1 4
F P L T
T H A EU
A U L
A EU
TKPW RAO E D
T H A
S H E F S
A
TKPW RAO E D
TK EU
P E RPB
F P L T
1 5
F P L T
T
T P O R
P H A T
T P R T
T P O RP L
A T
HRA * S
S
T P AO EU PBL
AO EU Z
D
F P L T
1 6
F P L T
EU
K O PB
K HRAO U D
D
T H A
T H A F S
T
PW *E S

AO EU
K O PB
S RA EU BL
F P L T
1 7
F P L T
S H E F S
T O E L D
EU T
W U PB T
P R O E P T
T O
K U R S
O R
S W A EU R
F P L T
1 8
F P L T
T
HR O E
K A L
K W RAO U
T EU L
T EU
KP A E PB
W A PB T
S
K W R O U
T O B
A
H A P
P EU
K W RAO U Z
E R
F P L T
1 9
F P L T
H E R
A EU
TK R E S Z
H A Z
K H A EU PB G
D
T P AO*EUF
T AO EU P L
S
T P H T
HRA * S
T HRAO E
K W RAO E R

S
F P L T
2 O
F P L T
T P H AO*E T
E R
P H A PB
T P H R
PW AO*E S
S H O UF
T O
HR *EUF
T P H
T H A
P H A PB
E R
F P L T
2
1
F P L T
H E
TK PB T
W A PB T
T O B
T H A U GT
O F
A Z
EU PB
K O FRP
T E PB T
O R
TK E R
HR EU B GT
T P H
H EU Z
TK AO U
T EU
S
F P L T
2
2
F P L T
T
KP A E PB
TK PB T
T P H O E
WHR
T O
KP EU B T
O R

```
T O
ST EU B G
T O
T H A EU R
T P RAO U
TKPW A L
PW U PBLGT
F P L T
2 3
F P L T
H E
S A EU D
H E F S
S K W R * U S
T P H E PB T
HR EU
T A EU B G
G
A
R *E S
WH T
A UF S
E R
K A EU P L
T O
A EU
R *E S
H EU P L
F P L T
2 4
F P L T
H E
H A D
A
HR O PB G
T P A EU S
PW A U Z
H E
W O U L D
PB T
PW
A EU BL
T O
A EU
T P O R D
A
T P H U
K A R
T P R
A
```

```
HR O PB G
T AO EU P L
F P L T
2 5
F P L T
H E
S A EU D
T H A EU
AO E L
P H E RPBLG
W
T H A EU R
HR O PB G
H F
T AO EU P L
K O P L
P E T
T O R
A PB D
H O E P
T H A
PW O*E T
KP A E PB
S
HR
E
P H E RPBLG
A Z
W EU PB
E R
S
F P L T
```

LESSON 35

EXERCISE 5

(35-5)

```
P F
K HR E B GT
G
T H EU PB G
S
H A Z
PW B G
A
H O B
PW EU
T P R
```

```
P H
P AO E P L
F P L T
S W E L S
T
U R BL
ST A FRP
A PB D
K O EU PB
K HR E B G
T O R
S
R B G S
T HR R
P AO E P L
WH O
K HR E B GT
A U L
S O R T
S
O F
O D
A PB D
T P U PB
T P H *EU
T H EU PB G
S
F P L T
W U PB
P H A PB
H A Z
A
HRA RPBLG
K HR *E B G S
O F
P HR EU T
K A L
PW U T
T O PB
S
F P L T
AO T
P H A PB
H A Z
A EU
P H A S Z
D
A
K HR *E B G S
O F
```

```
O P
RA
P O*E S
E R
S
F P L T
P F
T
ST RA EU PB G
*E S
W U PB
EUF
H A E R D
A B T
S T
P H A PB
WH O
K HR E B GT
S
K RA
S RA T
S
F P L T
H E
H A Z
P H R
T H A PB
3
H U R B G S
F P L T
T H E R
P H A E D
O F
S EU L
B G
R B G S
T P H AO EU
HR O PB
R B G S
RA EU
K W R O PB
R B G S
A PB D
O*E R
T P A B
R EU B G
S
F P L T
T
U PB
```

```
U R BL
T H EU PB G
A B T
T H E P L
S
T H A
T H E R
A U L
P A EU PB T
D
PW EU
H A PB D
F P L T
H E
K AO E P
S
T H E P L
T P H
EU P L
P H A B G
HRA T
K O PB
TK EU G S
F P L T
P F
H E
S H O E
D
P H E
S O P L
O F
T H E P L
HRA * S
P H O* PB T
F P L T
W U PB
H A D
A
P EU B G
K H U R
O F
A
T RA B G
T O R
O PB
EU T
F P L T
H E
E B G S
P HRA EU PB
```

```
D
T H A T
KP A E PB
TKPW A *EUF
T H E P L
T O
T H A EU R
T P H P T
T O R
S
T O
W A E R
F P L T
AO T
T P AO E
K H U R
D
A
K O P
P EU
O F T
K W T
HRA * S
S U P
E R
F P L T
K W TS
T HR F S
W U PB
K H D
A
PW A T
T R EU
A PB D
A PB
E
HR E B G
T R EU B G
HRAO EU GT
F P L T
K W T
T H A
W U PB
R B G S
K W TS
H E
S A EU D
R B G S
K W T
W O U L D
```

PW E
T P EU T
A
K EU PB G
F P L T
K W TS
EU B G D
O PBL
HRA F
A T
T H
U T
T RA PB S
F P L T

LESSON 35
EXERCISE 6
(35-6)

P F
H E
H A Z
P H R
E B G S
P AO E RPB S
T H A PB
T P H EU
O*E R
P AO EU L
O T
W T
KP A E PB
F P L T
H E
H A Z
T P HR O E PB
A RPB D
T
W O R L D
T P O U R T
T AO EU P L
S
F P L T
H E
H A B
A EU
K R O S Z
T

A T
HRA PB T
EU B G
P H R
T AO EU P L
S
T H A PB
H E
K
K O U PB T
F P L T
H E
H A Z
A L S
PW PB
A EU
PW AO R D
P H R
TK EUFRPB T
K AO EU PB DZ
O F
A EU RP
S
T H A PB
T P H EU PB
E L S
F P L T
P F
T P H
T H EU R T
K W RAO E R
S
O F
T P HRAO EU
G
R B G S
H E
H A Z
A EU
P H A S Z
D
K W AO EU T
A
R O R D
T P R
S A EUF
T EU
F P L T
H E
S A EU

S
T H S
PW A U Z
H E
T A EU B G
S
TKPW RA E T
K A EU R
F P L T
H E
A U L S
K H E B G
S
T W AO EU S
T O
P H A EU B G
S H AO U R
T P H O G
S
A EU
P H EU S Z
F P L T
H E
P H A EU B G
S
E FR
E FR T
T O
K AO E P
A EU
PW R *E S
O F
A U L
P R O E P T
T P H U
P RA B G
T EU S
S
F P L T
H E
A EU
P R O E F P
S
H EU Z
S K W R O B
W T
P H O*E S
P R O G S
T P H A L
A T

T AO U D
T
KP A E PB
H A Z
FR
S AO E PB
F P L T
P F
H EU Z
P R O G S
T P H A L
A T
T AO U D
E B G S
T E PB DZ
T O
H EU Z
A EU
P AO E RPB S
F P L T
H EU Z
K W RAO U PB
T P O RP L
S
A U L S
K HRAO E PB
A PB D
T P H AO E T
HR EU
P R E S Z
D
F P L T
H E
TK U Z
T P H O T
A EU
P RAO* UF
O F T
S HR O P
P EU
TK R E S Z
O F
S O P L
O F T
K W R U PB G
E R
P H E PB
F P L T
T H
TK U Z

T P H O T
P H AO E PB
T H A
H E S
A EU
T P E B GT
D
F P L T
EU T
S K W R * U S
P H AO E PB
S
T H A
H E
T A EU B G
S
EU P L
P H E PB S
P RAO EU D
T P H T
W A EU
H E
HRAO B G
S
F P L T
P F
H E S
A L S
RA EU R
T P H
T H A
H E
T P H O E
S
H O U
T O
R E
HRA B G S
A PB D
TKPW E T
A EU
W A EU
T P R
H EU Z
W O R B G
F P L T
WH E PB
H E S
T P H O T
T P HRAO EU

G
R B G S
H E
H A Z
A
W AO EU D
A EU
RA EU
O F
S PW R *E S
S
T O
T A EU B G
H EU Z
P H AO EU PB D
A UF
W O R B G
F P L T
T
A P L T
O F
T P H RPBLG
H E
E B G S
P E PB DZ
O PB
H EU Z
H O B
PW EU
S
S
A EU
P H A EU Z
G
F P L T
P F
T H
K A P
T A EU PB
S
A
RA E L
K R E T
T O
P H E RPB
A *EUF
K W RA EU G S
F P L T

LESSON 36
EXERCISE 3
(36-3)

1
F P L T
TK EU D
K W R O U
TKPW *EUF
T
PW EU L
T O
PW *EU L
ST P H
2
F P L T
P H Z
R F P L T
S F P L T
W RAO EU GT
S
A
S U B G
S E S Z
F L
R R B G S
T P H * R B G S
F P L T
3
F P L T
T P H
1 9
9
1
R B G S
T P H R B G S
K R * R B G S
R * R B G S
A * R B G S
K H A EU PB G
D
EU TS
T P H A EU P L
T P R
T P H R B G S
S * R B G S
R * R B G S
A * R B G S
F P L T

4
F P L T
T
S K W R R B G S
K R * R B G S
R * R B G S
P H A G
S AO*E PB
K W RAO U Z
D
T O B
K A U L
D
T
T P H R B G S
S * R B G S
R * R B G S
F P L T
5
F P L T
TK R F P L T
P H A * R B G
E F P L T
A D
A P L S
S
A
P H E B
O F T
A R B G S
P H * R B G S
A * R B G S
F P L T
6
F P L T
HR EU T
L
TK F P L T
TKPW F P L T
R B G S
S K W R R
H A Z
T P AO EU PBL
HR EU
HR E RPB
D
H EU Z
A R B G S
PW * R B G S
K R * R B G S

AO E S
F P L T
7
F P L T
P HR
T F P L T
A F P L T
S P H *EU T
W U Z
A EU
R *E S
D
O PB
A
TK R B G S
* U R B G S
*EU R B G S
K H A RPBLG
F P L T
8
F P L T
TK R F P L T
T P F P L T
S R F P L T
A L
S RA
R E Z
PW A EU P L
A
* U S
S EU T
S *E PB
T H
P H O* PB T
F P L T
9
F P L T
P HR
A PB D
P HR S
T P H F P L T
KP F P L T
H E L
E R
S R
S K W R * U S
S K W R O EU PB
D
T
A R B G S

```
      A *   R B G S
    R  *    R B G S
  P    *    R B G S
           F P L T
1      O
           F P L T
S K W R O*   PB
 K W       F P L T
 K           P
  P     U   B
   HR   EU   B G
     AO E         S
 T P H A  EU  P L
     A  EU
  P  AO E  R
                  S
      O      PB
   HR O          T
                  S
      O    F
S    A     FRP
              L
 T P    O   RP L
                  S
           F P L T
1
1
           F P L T
  P HR
  P        F P L T
S K W R    F P L T
 T      EU    L
  P H A      PB
    R  E
 T   AO EU R
                  D
 T P  R          T
 T P        R B G S
  PW   *    R B G S
      *EU R B G S
      O      PB
S K W RAO  U  PB
1     5
            R B G S
1                9
                 9
1
           F P L T
12
           F P L T
```

```
  P H       F P L T
    H       F P L T
 K            P
  PWHR O       B G
             R B G S
     R       R B G S
  P     *    R B G S
     R  *    R B G S
             R B G S
   W      U          Z
T
T P H        R B G S
 K   R  *    R B G S
     R  *    R B G S
      A *    R B G S
  P              T
T P H
1                9
               8 9
    H       F
1                9
                 9
        O
            F P L T
1  3
            F P L T
 KP   A  E    PB
 KP          R B G S
 K W R  *    R B G S
STK     *    R B G S
S
           E   B G S
  P        E   B GT
                    D
T      O
TKPW R O E        S Z
       O E FR
1
  P H          L
TK  HR       R
T   H
 K W RAO E  R
            F P L T
1    4
            F P L T
TK    A             D
   W  A      PB  T
                    D
S K W R  *EU  P L
T      O
```

```
   W RAO EU        T
    H     EU  P L
       A      PB
          EU R B G S
        O*   R B G S
          * U R B G S
 T P         R     T
      50
 TK  HR      R
     H   E
   PW    O   R
     R O E
                     D
          F P L T
1      5
          F P L T
 T P         R B G S
  K W R  *   R B G S
         *EU R B G S
   W      U           Z
   W R   EU        T
              PB
 T P H
     HRA     RPBLG
             R B G S
     R   E           D
     HR  E         T
         E   R
                    S
       O      PB   T
  K    O      RPB
         E   R
       O   F       T
   P H   E    P L
   P H  O E
          F P L T
1          6
          F P L T
ST P H A*          T
 T     O    R
   PW     F P L T
S K W R   F P L T
     A        PB   D
         E   R      S
     H A       B
 T P H
  K    O*    PB G
 T P          R
     HR       P L
1          6
```

K W RAO E R
S
F P L T
1 7
F P L T
T P H
1 9
9
O
H F
1 9
9
1
R B G S
P H A *EU R
R EU
S P H *EU T
A EU
TKPW R E PB
R B G S
R R B G S
P * R B G S
R * R B G S
R B G S
W U Z
P T
O F
T P H R B G S
K R * R B G S
R * R B G S
A * R B G S
F P L T
1 8
F P L T
P HR S
HR F P L T
K F P L T
TKPW R EUF
T P EU PB
P HRA PB
S
T O
S AO U
S AO* U
E P L
R EU
T P R
PW RA E F P
O F
K O PB

T RA B GT
F P L T
1 9
F P L T
TK R F P L T
W F P L T
K R F P L T
O L
S R E R
R B G S
R R B G S
P * R B G S
R * R B G S
R B G S
K R R B G S
P H * R B G S
R * R B G S
R B G S
W U Z
P T
O F
T P H R B G S
K R * R B G S
R * R B G S
A * R B G S
T P H
1 9
8
7
H F
1 9
8
8
F P L T
2 O
F P L T
A B T
8
5
P E R
S E PB T
O F
K R O E R T
S
K U RPB T
HR EU
K W RAO U Z
K RA T
F P L T
PW EU

T
K W RAO E R
2 O
O
O
R B G S
T HR
HR
P R O E BL
PW
1 O
O
P E R
S E PB T
K W RAO U Z
G
K RA T
F P L T

LESSON 36
EXERCISE 4
(36-4)

STKPWHR
P HRAO E Z
ST U RPB
T P R O R D
F P L T
FRPBLGTS
K R F P L T
R O B
E R T
W RAO EU GT
F P L T
STKPWHR
W O U L D
K W R O U
P HRAO E Z
S P E L
K W R O U R
HRA * S
T P H A EU P L
ST P H
FRPBLGTS
W R B G S
R R B G Z
EU R B G Z
TKPW R B G Z

```
     H       R B G   Z
 T           R B G   Z
           F P L T
STKPWHR
    WH A
 TK       U          Z
 T
  K W            T
  K   R      R B G S
  K W           TS
ST    A      PB    D
 T P         R
ST P H
           FRPBLGTS
  K   RA     R  L
           F P L T
STKPWHR
    W   O  U    L  D
  K W R O  U
S  P     E      L
 T   H A
             R B G S
   P HRAO E          Z
ST P H
           FRPBLGTS
  K   R      R B G S
      A      R B G   Z
     R       R B G   Z
     HR      R B G   Z
           F P L T
STKPWHR
   P HR
    W RAO EU      GT
             R B G S
 TK       O
  K W R O  U
     HR  *EUF
 T P H
 T        O  U  PB
ST P H
           FRPBLGTS
  K W R   E         S
           F P L T
STKPWHR
S     R
  K W R O  U
     HR  *EUF
                   D
     H AO E   R
     HR O     PB G
```

```
ST P H
             FRPBLGTS
  K W R   E         S
             F P L T
STKPWHR
     H  O  U  PB G
ST P H
             FRPBLGTS
       A  EU     GT
  K W RAO E  R
                    S
             F P L T
STKPWHR
       A           T
 T
S      A  EU  P L
       A  EU
 TK    R  E         S Z
ST P H
             FRPBLGTS
 T P H  O    R      S
             F P L T
STKPWHR
     H  O  U  PB G
S      R
  K W R O  U
     HR  *EUF
                      D
       A           T
  K W R O  U R
  K        U RPB   T
       A  EU
 TK    R  E         S Z
ST P H
             FRPBLGTS
 T  W   O
  K W RAO E  R
                    S
             F P L T
STKPWHR
    WH A            S
  K W R O  U R
ST    RAO E        T
       A  EU
 TK    R  E         S Z
ST P H
             FRPBLGTS
12
12
S  P                  Z
```

```
   3 4
          *          T
ST    RAO*E          T
             F P L T
STKPWHR
       A      PB     D
            UF
      HR  *EUF
                     D
 T   HR
 T P           R
 T  W    O
  K W RAO E  R
                    S
ST P H
             FRPBLGTS
  K W R   E         S
             F P L T
```

LESSON 37
EXERCISE 5
(37-5)

1
F P L T
H A PB D
S O P L
O F
T H E P L
T O
P H E
F P L T
2
F P L T
S
T H
P RAO EU S
HR E S Z
T H A PB
PW FR
ST P H
3
F P L T
S H E
HRAO EU B G
S
H E R
S K W R O B
HR E S Z
A PB D
HR E S Z
F P L T
4
F P L T
K
K W R O U
K W RAO U Z
T P U L
PW A S
K E T
S
O F
T P RAO U T
ST P H
5
F P L T
EU
K O U PB T
HR E S Z
P AO E P L
H AO E R
T H
K W RAO E R
F P L T
6
F P L T
K W R O U
W EU PB
S O P L
A PB D
K W R O U
HRAO U Z
S O P L
F P L T
7
F P L T
H E
H A Z
A
P H AO EU PB D
T P U L
O F
K W RAO U S
F L
T P A B GT
S
F P L T
8
F P L T
EU
TK O U T
T P U L
S RA L
K W RAO U
HR B
R E
T P U PB D
D
F P L T
9
F P L T
P H EU
O E L D
K A R
S
W O* R T
HR E S Z
E FR
K W RAO E R
F P L T
1 O
F P L T
EU
TK O U T
HR E S Z
P H U PB
HR B
A
P R O B
HR E P L
F P L T
1
1
F P L T
T P
K W R O U
A EU P L
HR E S Z
H AO EU
R B G S
K W R O U
AO E L
H EU T
T
T A R G
E T
F P L T
12
F P L T
TK EU D
T H A EU
W EU PB
HR E S Z
O R
P H R
TKPW A EU P L
S
T H
K W RAO E R
ST P H
1 3
F P L T
T
P A
RA EU D
W U Z
A PB
E

```
S      R   E   PB  T
 T P       U     L
         O   F
S          U R
   P  RAO EU           Z
                     S
            F P L T
1    4
            F P L T
          EU
     H  O E   P
     HR   E         S Z
   P   AO E   P L
      R
S K W R O       B
     HR   E         S
 T P H              T
 T P   AO  U
  K  H     U R
            F P L T
1      5
            F P L T
S    H    E
S      A   EU         D
S    H    E
     H  O E   P
                    S
 T       O
 T P H AO E           D
     HR   E         S Z
   P H     U  PB
 T   H A      PB
 T   H A
            F P L T
1           6
            F P L T
     H    E
 T P   AO E  R
                    S
     HR   E         S Z
   P H     U  PB
    W   O  U    L   D
  K    A   U           Z
           U  PB
       AO E            Z
S         EU
         *    PB    S
            F P L T
1             7
            F P L T
```

```
T   H A  EU
T P H AO  U
T   H A          T
  P H AO* UF
  P H    E   PB  T
     A
    RA   EU          Z
T P H
  P   A  EU
            F P L T
1                8
            F P L T
  PW  A   U          Z
         EU
      AO E   P L
S       O
     R  *E          S
    HR   E          S
             R B G S
         EU
S   HRAO E   P
    HR   E          S Z
T   H A      PB
         EU
 K W RAO  U          Z
                   D
T       O
            F P L T
1                  9
            F P L T
TK        U          Z
    H    E
         E   B G S
  P      E   B GT
T       O
TKPW  A  EU  PB
T P       U     L
 K      O    PB
T    R O        L
        O   F    T
 KP   A  E   PB
ST P H
2       O
            F P L T
  PW               G
      A  EU
  P   A     R    T
  P H    E   PB  T
S    R             G
T       O
```

```
T P   AO EU  PB    D
        A
T P H       U
        A  EU
  P     A     R   T
                P L T
              F P L T
2
1
              F P L T
  P H AO* UF
                   G
T       O
        AO        T
ST      A  EU      T
  P H      E  PB   T
  P H A    EU   B G
                   G
        A
T P H       U
ST      A     R    T
              F P L T
2
2
              F P L T
T P H   O     R      D
T       O
      R    E
T       AO EU R
  P H      E  PB   T
    H      E
    H A              D
T       O
    HR     E RPB
T       O
    HR   *EUF
        O     PB
    HR     E          S Z
T P H           B G
              F P L T
2 3
              F P L T
           EU
    H A    EU      T
T       O
T      R    U  BL
S       O     P L
        O   F
 K W R O    U
              R B G S
```

```
PW U
T H
T W O
S P H
W A PB T
S
S O P L
S F S
F P L T
2 4
F P L T
E F PB
T H O E
H E
H A Z
HR E S Z
H A EU R
T H A PB
H E
K W RAO U Z
D
T O
R B G S
H E
S AO E P L
S
T O
A EU PBLG
HR E S Z
E FR
K W RAO E R
F P L T
2 5
F P L T
T
S K W R U PBLG
P H E PB T
WH A
S H E
S A EU D
WH E PB
S H E
ST E RPB
HR EU
H A PB D
D
TK O U PB
T
S K W R U P L T
F P L T
```

LESSON 37
EXERCISE 6
(37-6)

```
P F
K A EU R
HR E S
* PB S
W
T P AO EU R
H A Z
TK E
ST R O EU
D
T H O U
S
O F
A EU B G
E R
S
O F
S RA L
K W RAO U BL
T P O R
*E S
HRA PB D
F P L T
K A FRP
E R
S
S R
T P AO L
EU R B
HR EU
S K W R * U S
W A U B G
D
A EU
W A EU
W
K A FRP
T P AO EU R
S
ST EU L
PW U RPB
G
F P L T
A PB
A U
```

```
S P H
P RAO EU S
S
P A EU D
T P R
T H
T H A U GT
HR E S
* PB S
F P L T
P F
T HR R
AO E Z
S EU
RAO U L
S
T O
T P O L
HR O E
WH E PB
T P H T
W AO DZ
T O
P R E
S R E PB T
T H
E B G
HR O PBLG
K A L
TK EU S
A S
T E R
F P L T
T P R
W U PB
R B G S
A U L S
T A EU B G
S O P L
T AO EU P L
T O
K H E B G
T H A T
T P AO EU R
S
O U T
F P L T
T HR O U
S O P L
E B G S
```

T RA
K U P
F L S
O F
W A T
E R
O PB
EU T
F P L T
P F
S E B G D
HR EU
R B G S
T P H *E FR
T HR O U
A
P H A F P
A EU
W A EU
K A EU R
HR E S
HR EU
F P L T
PW A U Z
EU T
A EU
P AO E R
S
T O B
O U T
TK U Z
T P H O T
P H A EU B G
A
P H A F P
HR E S Z
TK A EU PB G
R O U S
F P L T
T H
EU P L
P U L S
*EUF PB S
K O UF
A U
S P H
K O PB
S K W E PB S
S
F P L T

T
P H A F P
P H A EU
R E
EU G
T P H AO EU T
A Z
EU T
T P A U L
S
T O
T
TKPW R O U PB D
F P L T
P F
T H EU R D
HR EU
R B G S
TK U R G
A
HR O PB G
S P E L
O F
TK RAO EU
* PB S
R B G S
TK O E PB T
HRAO EU GT
A
T P AO EU R
A T
A U L
F P L T
T
T P O R
*E S
S
A
T EU PB D
E R
PW O B G S
A T
T H O E Z
T AO EU P L
S
F P L T
P F
HRA * S
HR EU
R B G S

O PB
A
W EU PB D
TK EU
TK A EU
R B G S
TK O E PB T
HRAO EU GT
A
T P AO EU R
F P L T
T P
K W R O U
P H * U S
PW EU L D
W U PB
R B G S
T H E PB
PW EU L D
A
W EU PB D
PW RA E B G
E R
F P L T
T H
HR
P R E
S R E PB T
S O P L
U PB
S AO E PB
S P A R B G
T P R
S E T
G
T
W AO DZ
A EU
T P AO EU R
F P L T
P F
T P
E FRPB
T P O L
HR O E
D
T H O E Z
RAO U L
S
R B G S

T
HR O*E T
S P H
HR O S Z
S
O F
P R E R B S
T EU P L
PW E R
K O U B
TKPW RA E T
HR EU
R E
TK AO U S
D
F P L T

LESSON 37
EXERCISE 7
(37-7)

P F
S O P L
T AO EU P L
A G
R B G S
A
R *E S
HR E S
K W R U PB G
P H A PB
W E PB T
W *E S
F P L T
H E
H A D
W O R B G
D
T AO EU R
HR E S
HR EU
T O
S A *EUF
T
P H U PB
T P R T
T R EU P
F P L T
H EU Z
TKPW O E L
W U Z
T O
H E L
P
HR E S Z
T P O R
K H U
T P H A T
P AO E P L
T P H
S O P L
O F T
T P H U
T O U PB
S
TKPW R O E
G
U P
T HR
F P L T
P F
H E
H A D
S P E PB T
S *E FR L
H A R D
K W RAO E R
S
W O R B G
G
H EU Z
W A EU
T HR U
P H E D
K A L
S K AO L
F P L T
S O P L
TK A EU
S
H E
W O U L D
S HRAO E P
HR E S Z
T H A PB
T HRAO E
H O U R
S
F P L T
H EU Z
S K E PBLG
K W R U L
W U Z
TKPW RAO U
S P H
F P L T
P F
WH E PB
H E
T P *EU R S
A EU
RAO*EUF
D
T P H T
W *E S
R B G S
T H
H A PB D
S P H
K W R U PB G
P H A PB
W U Z
T RAO E T
D
S U S
P EU R B S
HR EU
F P L T
T HR F S
A
S K W R E PB
TK EU S
HRAO EU B G
T P R
K P
AO*E S
T P H E R
S
F P L T
S AO PB
H E
K A EU P L
T O
W EU PB
S O P L
T P R E PB DZ
PW A UF
H EU Z

S O E R B
HR O PBLG
K A L
E FR T
S
T O
K R E B GT
T
TK R E D
F L
K PB S
H E
T P O U PB D
F P L T
H EU Z
R E P
K W RAO U
T A EU G S
T P R
H E L
P
T P HR * PB S
A PB D
T P A EU R
* PB S
S P R E D
K W EU B G
HR EU
F P L T
P F
S AO PB
H E F S
T RAO E T
G
T P EUF T
P A EU R B T
S
O R
P H R
A
TK A EU
F P L T
WHR
W U PB
W U Z
S UFR
G
T P R
A * R T
RAO EU TS

R B G S
A EU
P E PB D
S AO EU TS
R B G S
T O PB S
HRAO EU TS
R B G S
A
PW R O E B G
PB
PW O E PB
R B G S
O R
A
S EUFRP
L
S K RA F P
R B G S
H E
A U L S
H A D
S O P L
T AO EU P L
T P R
T H O E Z
WH O
T P H AO E D
D
H EU P L
F P L T
H E
H A D
A
S P E R BL
A EU
T P *E B G S
T P R T
H E L
P
HR E S
A PB D
P O* FR
T EU
ST R EU B G
PB
F P L T
P H UF P
O F
H EU Z

W O R B G
W U Z
TK O E PB
T P R
T H E P L
T P RAO E
O F
K H A RPBLG
F P L T
WH E FR
W U PB
K A EU P L
T P R
H E L
P
R B G S
H E F S
R E D
TK EU
F P L T
P F
WH E PB
H E
TK AO EU
D
A
T P U
K W RAO E R
S
A G
R B G S
T
TKPW RA EU T
F L
PW U
S O R
R O E
F L
P O P
HRA EU G S
E
R E B GT
D
A
P H E
P H O EU R L
T O
H EU P L
F P L T
T F S

```
 T
  K    AO EU  PB    D
        O   F
   P H    E
   P H  O EU R  L
     H    E
    W   O  UF
     HRAO EU   B G
                    D
            FRP L T
       A
  K  HR   EU  PB
          EU   B G
            F P L T
 T                 S
 T    RAO  U
     HR   EU
       A
 T P      EU      T
                 G
   P H  O     PB
  K W RAO  U  P L T
 T      O
     H    EU         Z
S      AO E        S
     HR   E        S
       A      PB    D
S         E     L
            F
     HR   E        S
    W   O    R B G
            F P L T
```

LESSON 38

EXERCISE 2

(38-2)

```
1
F P L T
W E
AO E L
TKPW O
T HR
A F
P H A * T
K HRA S Z
F P L T
2
F P L T
T
A FR
P H A * T
O F T
T O R
T P H A EU
TK O E
W U Z
TK *E F
ST A EU T
G
F P L T
3
F P L T
H E
S A EU D
H E
W O U B
H AO E R
S H O R T
HR EU
A F
T P H AO PB
F P L T
4
F P L T
H E
K PB T
A EU
T P O R D
T O
P H EU S Z
AO T
A FRPB
T P R
S K AO L
F P L T
5
F P L T
T
O*E R
K A R D
P HRA EU
E R
S
S K D
H EU P L
T O
A PB
T AO E
U P
F P L T
6
F P L T
T P H T
S E PB
T E PB S
R B G S
K W T
S H E P
HR O* S
H EU Z
PW O E PB
R B G S
A PB D
H E
K PB T
T P AO EU PB D
EU T
R B G S
K W TS
K W T
S H E P
K W TS
S T
A E PB T
S AO E D
E PB T
O F
K W T
H E
R B G S
K W TS
A PB D
K W T
PW O E PB
K W TS
S T
A E PB T
S AO E D
E PB T
O F
K W T
EU T
F P L T
K W TS
7
F P L T
T H A
PW AO U T
F L
R B G S
O E L D
A E PB T
PW E L
U P L
H O E P L
W U Z
PW EU L T
T P H
1 8
50
F P L T
8
F P L T
T
TK O B G
T O R
P R E
S K RAO EU B
D
A PB
A *E PB T
TK E
P R E S
S A PB T
F P L T
9
F P L T
P A R
T EU
EU PB
S R EU
```

T A EU G S
S
P H E PB T
T P H O G
T O
H E R
A *E PB T
S O E R BL
S *EU S
E R
F P L T
1 O
F P L T
H E
H A D
T P O R GT
PB
T O
P U T
A *E PB T
T P RAO E Z
T P H
H EU Z
A U BL
F P L T
1
1
F P L T
PW A UF
H E R
A S
P H A
R B G S
S H E
H A D
T R U BL
T P A U L
G
A EU
S HRAO E P
F P L T
12
F P L T
PW
S H AO U R
T O
TK O
A Z
K P
P H A

S A EU
S
F P L T
1 3
F P L T
S H E
P R E
T P E R
D
T O B
K A U L
D
A PB
S O E R B T
RA * T
E R
T H A PB
A PB
A EU
S EU S
T A PB T
F P L T
1 4
F P L T
T
A U D
K W R O
S R EU Z
K W R U L
S
P H A E D
T
HR E S
S O PB
P H UF P
P H R
S PW R *E S
G
F P L T
1 5
F P L T
PW G
A PB
A U D
K W R O
T P AO EU L
R B G S
H E
W A PB T
D

T
PW *E S
T P H
ST E R
K W R O E
K W EU P L T
F P L T
1 6
F P L T
S H E
E PB
S K W R O EU
D
T
A U
T O PB
P H *EU
O F
S R G
H E R
O E PB
A U
T O E
F P L T
1 7
F P L T
T
ST A R
T P O U PB D
A
W A EU
T O
A U T
P H A EU T
T
A U T
TKPW RA F
D
P EU B G
K H U R
S
S H E F S
E B G S
P E B GT
D
T O
P R O
S RAO EU D
F P L T
1 8

F P L T
T
PW A EU
PW EU
TK EU D
T P H O T
W A PB T
T O B
H E L D
F P L T
1 9
F P L T
T H A EU
T RAO EU
D
T O B
K A U P L
E F PB
T H O E
T RA PBLG
TK EU
H A D
PW E
T P A U L
PB
T H E P L
F P L T
2 O
F P L T
T S
S P H A R T
T O B
T P EU T
F P L T
2
1
F P L T
EU T
HR B
T P H AO EU PB
P H O* PB T
S
A G
T O RP L
T H A
S H E F S
TK AO EU G
D
A Z
S R G

A
PW E
T P H AO EU PB
T AO U
P H O R
F P L T
2
2
F P L T
EU
K W RAO U Z
D
T O
H A EU T
T O
TK EU
S E B G T
T P R O G
S
T P H
PW AO EU
K W R O LG
K HRA S Z
F P L T
2 3
F P L T
H E
HRAO B G
S
T PW A R D
T O
T
PW *EU
A PB
K W R U L
PW *EU
S EU B G
L
P H A R
T H O PB
F P L T
2 4
F P L T
TK EU D
K W R O U
PW AO EU
T
HR O E
K A L
W AO E B G

HR EU
P A EU P
E R
ST P H
2 5
F P L T
T
PW *EU
P A S Z
O P
RA EU G S
W U Z
A
S U B G
S E S Z
F P L T

LESSON 38
EXERCISE 3
(38-3)

2 6
F P L T
T H A EU
W E PB T
PW EU
T
S AO EU B G
L
S H O P
T O
S AO E
WH A F S
T P H U
F P L T
2 7
F P L T
EU
T RAO EU
T O
PW AO EU
PW AO EU
K W R O
TK E
TKPW RA EU D
BL
P R U B GT
S

```
F P L T
2 8
F P L T
S H E
H O E P
D
T O
T P AO EU PBL
HR EU
P H AO E T
H E R
PW AO EU
K W R O
HR O PBLG
K A L
P A RPB T
S
F P L T
2 9
F P L T
T
K O
E D
TKPWHRA D
HR EU
K AO P
RA EU T
D
W T
T H O R T
S
F P L T
3 O
F P L T
H E
S K D
H EU Z
A U PB T
T P
S H E L D
K O
S AO EU PB
T
HR O E PB
T P R T
K W RAO U Z
D
A U
T O E
H E
```

```
H O E P
D
T O
PW AO EU
F P L T
3
1
F P L T
T H A EU
P H A E D
A
K O* U PB T
A UFR
H O E P
G
T O
A EU
S R O EU D
T P U R T
HR EU T
TKPW A EU G S
F P L T
3
2
F P L T
T
P H U PB
W U Z
K O* U PB T
T P EU T
F P L T
3
3
F P L T
T H A
TK E
T P AO EU PB T
R B G S
TK E
S AO E T
F L
P H A PB
TK E
S AO*E F
D
P H E
F P L T
3 4
F P L T
EU
```

```
TK E
S AO EU D
D
T O B
O PB T
S AO EU D
O F T
W EU PB
E R
S
F P L T
3 5
F P L T
T
P HRA E PB
HR
TK E
P HRA E PB
T P H
1 5
P H EU PB
U T
S
F P L T
3 6
F P L T
W E
W O PB
PW EU
TK E
T P A U L T
F P L T
3 7
F P L T
S H E
T P H AO E DZ
S O P L
T P H U
TK EU
S R E R G S
S EU PB S
H E R
TK W O R S
F P L T
3 8
F P L T
T
R E D
TK AO*EU
O PB T
```

TK AO EU
TKPW RA P L
S H O E
S
T
HR O E
K A EU G S
F P L T
3 9
F P L T
WH E PB
EU
S A U
T H A
EU P L
P H E PB S
TK AO EU
P H O PB D
R B G S
EU
HR P L
TK AO EU
D
F P L T
4 O
F P L T
EU
AO*E F
TK EU S
K O* FR
D
P H
KP AO EU T
G
S K W R O B
T U PB T
S
S EU PB S
EU
AO*E F
S E F
D
P H EU
TK EU
P HR O E
P H A
F P L T
4
1
F P L T

T
T P H AO U Z
O F T
TK EU S
T P EU G
K W R U R
G
TK Z
TK EU S
T U R B
D
H E R
TKPW RA E T
HR EU
F P L T
4
2
F P L T
TK O
K W R O U
T H EU
H E
HR B
TK EU S
P H EU S Z
D
PW A UF
T H
K H A RPBLG
ST P H
4
3
F P L T
H EU Z
E
TKPW O
T *EU S
K A L
PW E
H A *EUF
K W R O R
TK EU S
T U R B
D
H E R
F P L T
4
4
F P L T
S H E

S E RPB
HR EU
H A Z
A
H E L
T H *EU
E
TKPW O E
F P L T
4 5
F P L T
T
TKPW O* F
T P H O R
O R D
E R
D
A
ST A EU
O F
KP E
K AO U G S
F P L T
4 6
F P L T
T
HR E B G
T R O
K A R D
K W R O
TKPW RA P L
S H O E
D
T P H O
A B
T P H O R
P H A L
T EU
S
F P L T
4 7
F P L T
T H E RP
T P H
TK A EU PB G
E R
O F
E PB
TK A EU PB G
E R

G
T H A EU R
HRAO*EUF
S
F P L T
4 8
F P L T
H E
E PB
S K W R O EU
D
S PW E R
T A EU PB
G
O*E R
S
F P L T
4 9
F P L T
H E
H O E P
S
T H
T P H U
S PW E R
P RAO EU Z
HR
E PB
H A PB S
H EU Z
T P H E T
W O* R T
F P L T
50
F P L T
T
P H AO U
S RAO E
E B G S
T RA
W U Z
KP A * U S
D
PW U
E B G S
S AO EU T
D
A F
A
H A R D
TK A EU
AO E S
W O R B G
F P L T

LESSON 38

EXERCISE 4

(38-4)

5
1
F P L T
HR E T
T
E B G S
P E R T
E B G S
P HRA EU PB
EU T
T O
K W R O U
F P L T
5
2
F P L T
H E F S
T P O R
PW EU D
PB
T O
TKPW O
T PW A R D
W T
P HRA PB
F P L T
5
3
F P L T
T H E RP
W A EU T
G
T P R
PW EU DZ
PW FR
P H A EU B G
G
T
T P AO EU PBL
TK E
S EU G S
F P L T
5
4
F P L T
T P O R
TKPW *EUF
P H E
FR B G S
EU
T P O R GT
K W R O U R
T P H A EU P L
F P L T
5
5
F P L T
S EU PB S
S H E
S UFR
D
T P R
H AO EU
TK R O
T P O E B
K W RA
R B G S
A
RAO EU D
O PB T
H AO EU
TK R O
P HRA E PB
TK EU D
T P H O T
A EU
P AO E L
T O
H E R
F P L T
5 6
F P L T
H E
AO E S
H AO*EU P
S E PB S
T *EUF
R B G S
S O

P HRAO E Z
TK O E PB T
PW
H AO*EU P
K R EU T
K A L
O F
H EU Z
T P H U
S R E PB
K H U R
F P L T
5 7
F P L T
S H E
T P A EU PB T
D
WH E PB
S H E
S A U
T
H O*EU P
TK E RP L
EU B G
T P H AO E D
L
F P L T
5 8
F P L T
T
P R O
S K W R E B GT
S
T P H
K A EU P
BL
H A PB DZ
F P L T
5 9
F P L T
H EU Z
A * B G S
S
W R
EU PB
TK E
T P E PB S
BL
F P L T
6

O
F P L T
T P H
P H O*E S
K A EU S
S
R B G S
T
EU PB
H A B
T A PB T
S
S PW E R
A B GT
W E L
F P L T
6
1
F P L T
P H A EU
EU
S PW R O
TK AO U S
K W R O U
T O
T
EU PB
S R E PB
T O R
O F
T H
EU PB
K R E BL
P H A
S H AO E PB
ST P H
6
2
F P L T
T
S P AO E B G
E R
W U Z
EU PB
A U D
BL
T P H L
H E
K W RAO U Z
D

T
P H E G
T P O E PB
F P L T
6
3
F P L T
S H E
AO E S
H E L
P
HR E S
W O U T
H E R
P H AO EU
K R O
W A *E F
F P L T
6
4
F P L T
EU
AO E P L
HR E RPB
G
P H R
A B T
P H AO EU
K R O
KP AO U T
E R
S
E FR
TK A EU
F P L T
6
5
F P L T
P H Z
S K W RA B G
S O PB
T O E L D
U S
A U L
A B T
T
P H EU S
H A P
S
A PB D

P H EU S
A D
S R E PB
K H U R
S
S H E
E B G S
P AO E RPB S
D
O PB
H E R
HRA * S
S RA EU
K A EU G S
F P L T
6
6
F P L T
T
HR EU T
L
TKPW EU R L
S
T P U L
O F
P H EU S
K H EUF
A PB D
K O PB
ST A PB T
HR EU
P H EU S
PW E
H A *EUF
S
F P L T
6 7
F P L T
P H S
S K W RA EU P L S
H A D
T
P H EU S
T P O R
K H U PB
O F
P H EU S Z
G
H E R
P HRA E PB

F P L T
6 8
F P L T
EU T
AO E S
P H O
T P H O T
T P H O U S
WH E PB
W U PB
KP A E PB
H A Z
A
P H O
T P H O P
HR EU
O PB
A
P R U B GT
F P L T
6 9
F P L T
T
S P AO E B G
E R
AO E S
P H O PB
HR O G
W U Z
TK E
HR *EUFR
D
T P H
A
PW O E R
G
P H O PB
T O E PB
F P L T
7
O
F P L T
P H U L T
P R O
S E S Z
G
A EU
HR O U
S
K W R O U

T O
TK O
A
P H U L T
T AO U D
O F
T A S
B G S
F P L T
7
1
F P L T
T H A
K H A RPBLG
O F
T P H O PB
K O P L
P HRAO EU PB S
S
P AO U R
T P H O PB
S E PB S
F P L T
7
2
F P L T
E F PB
T H O E
W E
AO*E R
T P H O PB
P R O F T
R B G S
W E
K PB T
A EU
T P O R D
T P H O PB
P A EU P L T
O F
K W R O U R
EU PB
S R O EU S
F P L T
7
3
F P L T
T H A
AO E S
T

P H O*E S
O* U T
HRA PB D
EU R B
O* U T
T P EU T
EU
AO*E F
FR
S AO E PB
F P L T
7
4
F P L T
H E
AO E S
O U T
R U PB
G
S O P L
*E R
RA PB DZ
F P L T
7
5
F P L T
T
TK E P
T EU
W U Z
O U T
HRAO B G
G
T P R
O* U T
HRA U
S
F P L T

LESSON 38
EXERCISE 5
(38-5)

7
6
F P L T
TK O E PB T
O* FR
TK O
T
H O U R
S
U R
W O R B G
G
O* FR
T AO EU P L
F P L T
7
7
F P L T
O E FR
T AO EU P L
H E
AO E S
HR E RPB
D
T P H O T
T O
O* FR
*E S
P H A EU T
H EU Z
A EU BL T
S
F P L T
7 8
F P L T
T
U PB
T P O R
K H U
T P H A T
P A R
P HRAO E PBLG
EU B G
W U Z
P A R
HRAO EU Z
D
T P R T
W A *EU S
TK O U PB
F P L T
7 9
F P L T
PW A U Z
S H E F S
S O
T P O E T
S K W R E PB
EU B G
R B G S
T
T P RA F
E R
T AO B G
S O P L
E B G S
T RA
S H O T
S
F P L T
8
O
F P L T
T
P A R
HRAO E L
W U Z
TK O EU PB G
P O* S
TKPW RA PBLG
W A T
W O R B G
T P H T
H O E P
S
O F
*E F PB T
K H U L
HR EU
PW B G
G
A PB
T O E RPB
F P L T
8
1
F P L T
EU
P R E
TK EU B GT
T H A
H E R
P R E
O B G
P A EU G S

W
P R E
P H A EU R
T A L
A EU
TKPW RAO E P L T
S
HR
R B G S
T P
T P H O T
P R *E F PB T
R B G S
T HRAO*E S
P O* S
P O E PB
T
W E D
G
F P L T
8
2
F P L T
P H EU S Z
G
O U T
O PB T
P R O
P H O E G S
RA E L
HR EU
P R O
S R O E B G
D
P H E
F P L T
8
3
F P L T
T
P R O E
T P O U PB D
T H A
H E
H A D
HR O T
S
O F
K O FRP
T EU G S

F P L T
8
4
F P L T
T F S
HR E RPB
D
T H A T
R E
K R E PB T
HR EU
A EU
R *E S
D
S AO EU
K O T
EU B G
K EU L
E R
H A D
TKPW O PB
PW EU
S RA EU R
K W R O U S
A EU L
K W RA S
S
O R
S AO U D
T P H EU P L
S
F P L T
8
5
F P L T
A Z
T H A EU
PW E
TKPW A PB
T O
R E
K O* FR
T P R T
R E
S E G S
R B G S
T
KP A E PB
R E
H AO EU R

D
P H
O F
T H A EU R
T P O RP L
E R
E P L
P HR O EU
K W RAO E
S
A PB D
R E
K RAO U T
D
O*E R
S
F P L T
8
6
F P L T
W O E PB T
K W R O U
P HRAO E Z
R E
K R
A PB D
R U PB
T P R
R E
E
HR *E B G S
ST P H
8
7
F P L T
T
W O R D
K W T
S E F L
S A EU P L
K W TS
S T
O PBL
W O R D
T P H
KP H O PB
K W RAO U S
A PBLG
W T
P R E

T P EU B G S
K W T
S E F L
H F
K W TS
T H A
TK U Z
T P H O T
RAO EU R
A
H AO EUF
PB
F P L T
8
8
F P L T
O F B G
T
W O R DZ
K W T
S E F L
EU R B
R B G S
K W TS
K W T
S E F L
EU R B
HR EU
R B G S
K W TS
A PB D
K W T
S E F L
S H * PB S
K W TS
TK O
T P H O T
RAO EU R
A
H AO EUF
PB
PW A U Z
T H E R
S EU P L
P HR EU
EU PB
T P HR E B GT
D
T P O RP L
S

O F T
W O R D
K W T
S E L
F
F P L T
K W TS
8 9
F P L T
EU T
T A EU B G
S
A
HR O T
O F
S E F L
K F D
A PB D
S E F L
TK EU S
P HR EU PB
T O B
S E F L
E P L
P HR O EU
D
F P L T
9
O
F P L T
S EU PB S
H E
AO E S
PW PB
S E P L
R E
T AO EU R
D
R B G S
H E
AO E S
T A EU B G
PB
A
T R EU P
S E P L
P H O* PB T
HR EU
F P L T
9

1
F P L T
T
S U B
T AO EU T
L
O F T
PW AO B G
W U Z
K W T
T
T P H O PB
S U B
P H E R S
BL
S U B
P H A
RAO E PB
F P L T
K W TS
9
2
F P L T
T
S U P T
O F T
A EU
P A R T
P L T
EU
S U B
HR E T
P H A E D
A
S AO* U P
T P EU R BL
A EU
T E P L T
T O
A EU
P AO E Z
P H E
F P L T
9
3
F P L T
PW G
S AO* U P
ST EU R B S
R B G S

S H E
TK PB T
W A PB T
T O
T P AO EU PBL
AO EU Z
T P H EU
PW EU Z
T RA * PB S
A * B G S
S
O PB
T P R EU D
T
1 3
* T
F P L T
9
4
F P L T
S AO PB S
EU
T RA * PB S
T P E R
A PB D
T RA * PB S
HRA EU T
P H EU
T P AO EU L
R B G S
EU
AO E L
S H O E
K W R O U
WH A
A
TKPW AO D
T RA * PB S
HRA EU G S
EU
TKPW E T
F P L T
9
5
F P L T
T P
EU T
HRAO B G
S
T AO

PWHRA PB D
T P H
PWHRA B G
A PB D
WH AO EU T
R B G S
T RAO EU
K O
HR O R
F P L T
9
6
F P L T
T
KP H U PB T
K HR E PBLG
S
O PB
A
T R *EU
P H *E S
E R
S EU S
T E P L
F P L T
9
7
F P L T
T P
U R
U PB
S K EU L
D
R B G S
U R
U PB
E P L
P HR O EU BL
F P L T
9
8
F P L T
EUF
U PB
H A P
HR EU
K O P L
T O
T
K O PB

K HRAO U G S
T H A
S H E S
U PB
*E T
K A L
A PB D
U PB
T R * U S
W O R
T H *EU
F P L T
9
9
F P L T
U RPB D
K U RPB T
HRA U
S
R B G S
K H EU RPB
U RPB D
A EU PBLG
1 3
P H A EU
T P H O T
S AO E
T H
P H AO* UF
S RAO E
F P L T
1 O
O
F P L T
T
U PB DZ
TKPW RA PBLG
W A T
S
U PB DZ
*E S
P H A EU T
D
T
A P L T
O F
W O R B G
RAO EUR
D
F P L T

LESSON 39
EXERCISE 1
(39-1)

1
F P L T
A
H DZ
W U Z
R O R T
D
R B G S
PW U
T
A UF S
E R
K O U L D
PB T
T P AO EU PB D
T P H EU
PW O D
TK EU
F P L T
2
F P L T
S
T P H EU B
TKPW O EU PB G
T O B
W O R B G
G
HRA EU T
ST P H
3
F P L T
A L
HR EU S
TK U PB T
HR *EUF
H AO E R
T P H EU P L
F P L T
4
F P L T
H E
TK PB T
W A PB T
T O
P A EU
T P H EU
P H R
T A B G S
S
T H A PB
H E
A B
S HRAO U T
HR EU
H A D
T O
F P L T
5
F P L T
EU
TK PB T
HRAO EU B G
T P H EU
W U PB
O F
T H O E Z
F P L T
6
F P L T
TK U PB T
T P H EU PB
W A PB T
T O
TKPW O
W
P H E
ST P H
7
F P L T
K W R O U
TK PB T
S A EU
T P H EU G
T O
P H E
A B T
EU T
F P L T
8
F P L T
S H E
TK PB T
W A PB T
T O
TKPW O
T P H EU
W A *EU
F P L T
9
F P L T
H E
W U PB T
K O PB
S E RPB
D
A B T
EU T
T P H
T P H EU
W A EU
F P L T
1 O
F P L T
K W R O U
AO E L
T P H *E FR
TKPW E T
T P H EU R
T P H L S
K W R O U
P RA B G
T EU S
F P L T
1
1
F P L T
E FR B
W A PB T
D
T O
TKPW E T
A PB
A R B G S
F P L T
12
F P L T
E FR
PW O D
TK EU
T P H T
P H O R G
H A D
PW PB
E P L
PW A U P L

D
F P L T
1 3
F P L T
H E
S K W R O G
S
T HRAO*E S
W U PB
H O U R
E FR
TK A EU
F P L T
1 4
F P L T
T H A
AO E S
S K W R * U S
P A R T
O F T
E FR D
HRAO EUF
O F
A
ST AO U PB T
F P L T
1 5
F P L T
E FRPB
S
R E D
TK EU
T P R T
T *E S
F P L T
1 6
E FR
W U PB
O F
U S
P HRA PB
S
T O
P A S Z
T
R R B G S
P * R B G S
R * R B G S
W PB
T

T P H *E B G S
T W O
K W RAO E R
S
F P L T
1 7
F P L T
P H U PB
S PB T
E FR G
F P L T
1 8
F P L T
T HR
S AO E P L
S
T O B
T AO F P
T RA F B G
E FR
W R
F P L T
1 9
F P L T
S H E S
T P R FR
K O P L
P HRA EU PB
G
A B T
H E R
W A EU GT
F P L T
2 0
F P L T
PW O*E T
P A R
T EU
S
R
PW O U PB D
PW EU
T
T E RP L
S
HR *EU S
D
H AO E RPB
F P L T
2

1
F P L T
S H E
S A EU D
S H E
AO E D
PW
H AO E R
T P H
A
P H EU PB
U T
F P L T
2
2
F P L T
EU
H AO E R B
A B G
T P H O PBLG
R E
S AO E P T
O F T
1
T H O U R B G S
TK HR R S
TK E
P O Z
S EU T
F P L T
2 3
F P L T
S H E
S H O U B
H AO E R
PW EU
T P H AO PB
F P L T
2 4
F P L T
H O U
FR
TK O
K W R O U
E B G S
P E B GT
T O
TK RAO*EUF
T P H
T H

ST P H O E
ST P H
2 5
F P L T
H O UFR
PW EU Z
S EU
H E
P H EU B
R B G S
H E
A U L S
T P AO EU PB DZ
T AO EU P L
T O
P RA B G
T EU S
F P L T
2 6
F P L T
H E F S
T P H
S F P
T R U BL
A Z
H E
H A D
FR
PW PB
F P L T
2 7
F P L T
EU P B
S F P S
K W R O U
R T
PW *E S
S P O E B G S
P E RPB
R B G S
K W R O U
S R B
E
HR E B GT
D
K H A EU R
P E RPB
F P L T
2 8
F P L T

P H A EU B
W E
AO E L
TKPW O
O U T
T O
TK EU PB
E R
HRA EU T
E R
F P L T
2 9
F P L T
EU T
P H A EU
PW
T AO
HRA EU T
T O
TKPW O
O U T
T O
TK EU PB
E R
F P L T
3 O
F P L T
EU
TK O E PB T
HRAO EU B G
EU T
R B G S
PW U
T P H U PBL S
EU
AO E L
TKPW O
A EU
HR O PB G
W
EU T
F P L T
3
1
F P L T
EU
T P H O B G
D
HR O U D
HR EU

R B G S
PW U
T P H O E B
W U Z
A T
H O E P L
F P L T
3
2
F P L T
E F PB
A F
H O U R
S
O F
S E R
F P G
R B G S
T
P HR EU S
K O U L D
T P AO EU PB D
T P H O
PW O D
TK EU
F P L T
3
3
F P L T
EU T
AO E S
A
S P H A U L
PW U
T P H E FR L S
S EU G
T P H EUF
K A PB T
K H A EU PB G
F P L T

LESSON 39
EXERCISE 2
(39-2)

3 4
F P L T
A F
TK RAO*EUF
G
T P R
A EU GT
ST RA EU GT
H O U R
S
R B G S
W E
A EU
P AO E R
D
T O B
T P H T
P H EU D
L
O F
T P H O
W R
F P L T
3 5
F P L T
A EU
K O R D
G
T O
T
T P H AO U Z
K A * S
R B G S
S P H B
TK PB T
P RA B G
T EU S
HRA * S
T P H AO EU GT
F P L T
3 6
F P L T
EU
TKPW E S Z
EU
AO E L
U PB S
WH AO EU
K W R O U
TK EU D
T H
STK A EU
F P L T
3 7
F P L T
HR E T
AO E S
TK O
HR U PB
F P
S O P L
TK A EU
S AO PB
F P L T
3 8
F P L T
S P H O U
O R
O*E R
R B G S
EU
AO E P L
TKPW O EU PB G
T O
W RAO EU T
A U L
T H AO E Z
S E PB
T E PB S
S
RAO EU GT
F P L T
3 9
F P L T
TK O E PB T
K W R O U
T H EU
S W U PB
S H O U L D
K A U L
H O E P L
ST P H
4 O
F P L T
EU
HR E F T
P H EU
K O E T
S O P L
P HRA EU S
U P
ST A EU R
S
F P L T
4
1
F P L T
S K AO L
HR E T
S
O U T
A T
T HRAO E
S P H G
F P L T
4
2
F P L T
EU
S K W R * U S
TK O E PB T
U PB S
S O P L
T H EU PB G
S
F P L T
4
3
F P L T
S H E
AO E L
TKPW E T
O U T
O F
EU T
S P H
W A EU
F P L T
4
4
F P L T
H E
H A Z
S O P L
W A EU

T O
TKPW O
PW FR
H E
TKPW RA PBLG
W A EU T
S
F P L T
4 5
F P L T
H E
A PB D
EU
P H E T
S O P L
T AO EU P L
A G
F P L T
4 6
F P L T
ST AO EU P L S
EU
S R EU Z
S EU T
H E R
A T
T
R E
T AO EU RP L T
H O E P L
F P L T
4 7
F P L T
EU
T P AO E L
S WH A
PW E T
E R
A F
AO E T
G
A
TK E
S E PB T
P H AO E L
F P L T
4 8
F P L T
E FR G
H A Z
T O B
S W R
F P L T
4 9
F P L T
EU T
H A P
D
T P H
HRA EU T
P H A *EU
O R
T HR B T
F P L T
50
F P L T
T
T O U PB S
P AO E P L
W E PB T
T HR
A B T
T
P HRA PB
S
T P R
A PB
U PB
W A PB T
D
HRA PB D
T P EU L
F P L T
5
1
F P L T
H E F S
A
S A E L S
P H A PB
T P R
S *E F PB
K W RAO E R
S
A PB D
S R P T
T HRA F
F P L T
5
2
F P L T
EU
AO E L
PW
T HR
A F
7
K HR O* B G
F P L T
5
3
F P L T
H E
W A PB T
D
T O
TKPW O
T HR
PW EU
H *EU P L S
F P L T
5
4
F P L T
PW A U Z
T
P H A
S H AO E PB
TK EU D
T P H O T
P E R
T P O RP L
A Z
P R O P L S
D
R B G S
H E
W A PB T
D
A
R E
T P U PB D
T HR * FR
F P L T
5
5
F P L T
P H EU
PW R O E RPBL
S

```
R
A U L S
T HR
T P R
P H E
F P L T
5 6
F P L T
EU
O PBL
TKPW O T
A
PW R B G S
R B G S
T HR FR
EU
AO E L
T RAO EU
H A R D
E R
F P L T
5 7
F P L T
T
PW O PB DZ
P H A PB
S
T HR
T P R
1
T O
6
P * P L
5 8
F P L T
EU
H A E R D
A B T
EU T
RAO EU GT
T HR
O PB T
T P H AO U Z
K A * S
F P L T
5 9
F P L T
H E F S
T HR
T O
```

```
T P EU B G S
T
T R B G S
S R * R B G S
F P L T
6
O
F P L T
T
ST O B G
H O E L D
E R
S
S H A L
PW
E PB
T AO EU T
L D
T O
A U L
S R O E T
G
RAO EU GT
S
W
R P T
T HR T
F P L T
6
1
F P L T
EU
AO E L
TK O
WH A FR
K W R O U
S A EU
F P L T
6
2
F P L T
H EU Z
W RA B TS
S
U PB
T P H O E PB
F P L T
6
3
F P L T
```

```
T
S A E L S
P AO E P L
S R
A PB
A EU
RA EU PB G
P L T
W R B
T H A EU
TKPW E T
A
KP H EU G S
O PB
AO E F P
S A E L
F P L T
6
4
F P L T
H E
EU PB
S *EU S
D
O PB
T P H O E
G
A U L T
WH AO EU
S
A PB D
W R FR S
H *EU P L S
F P L T
6
5
F P L T
S H E
H A Z
T
W R
W *EU T
TH A L
T O
TK O
EU T
H *E R S
F P L T
6
6
```

F P L T
WH O FR
T O E L D
K W R O U
T H A
ST P H

LESSON 39
EXERCISE 3
(39-3)

1
F P L T
P H EU
PW A B G
A EU B G
S
T P R
HR EUF T
G
T H O E Z
H *E F
S R EU
W A EU GT
S
R B G S
PW U
T HRAO*E S
P H EU
T AO* T
A *EU B G
S
TKPW O PB
F P L T
2
F P L T
T H
H *E L T
T P H AO U Z
HR E T
E R
H A Z
H EU PB T
S
O PB
H O U
T O
A EU
S R O EU D
AO E R
A *EU B G
S
WH E PB
TKPW O EU PB G
S W EU P L
G
F P L T
3
F P L T
P H EU
H A EU B G
S
T P AO EU PBL
HR EU
TKPW O PB
R B G S
PW U
P H EU
AO E R
A EU B G
S
T P H O U
F P L T
4
F P L T
T
T P HRA R B
PW A * B G
E B G S
P HRA EU PB
D
WH AO EU
S H E
T P E L T
H E
W O U L D
K O P L
PW A B G
S O P L
TK A EU
F P L T
5
F P L T
T
H A F
PW A * B G
H A Z
P H A E D
K W AO EU T
A
K O P L
PW A * B G
T H
K W RAO E R
F P L T
6
T
S H O E
TK O U PB
A T
T
T H AO E T
E R
S
K W AO EU T
A
HR E T
TK O* U PB
F P L T
7
F P L T
T
R U PB
TK O* U PB
R B G S
O E L D
K A R
PW RA E B G
S
TK O U PB
HR P L
E FR
W AO E B G
F P L T
8
F P L T
T H A EU
AO*E R
TKPW O EU PB G
T O F
T O
P H A R B G
TK O U PB
T H A EU R
P RAO EU S
S
T P
T H A EU

TK O E PB T
W A PB T
T
ST O E R
T O
S H U T
TK O U PB
F P L T
9
F P L T
T H E F
P H R
TK RAO*EUF
T P H *
T H A PB
W A U B G
T P H *
PW EU Z
A T
T
T P H U
T P O E
T O E
S H O P
F P L T
1 O
F P L T
T H A
TK RAO*EUF
T P H *
P H AO* UF
S RAO E
T H AO E T
E R
W U Z
PW EU L T
T P H
1 9
5
5
F P L T
1
1
F P L T
T H E RP
A
W A R
HRAO*EU B G
P AO E P L
R B G S
A U L S
S R G
R U PB
T P H * S
W
O*E R
S
A PB D
A EU
P H O PB G
T H *E P L S
S
F P L T
12
F P L T
H E
AO E S
T P H O T
S R R
PW EU Z
HRAO*EU B G
R B G S
PW U
O*E R
W AO*EU Z
H E
AO E S
A
P R E T
T EU
T P H AO EU S
S K W R E
P H A PB
F P L T
1 3
F P L T
T P H EU PB
WH O
R U PB
S
A
PW EU Z
HRAO EU B G
T H A S
PW O U PB D
T O F
T O
HRA EU
A UF
P AO E P L
F P L T
1 4
F P L T
EU
HRAO EU B G
W AO EU Z
P AO E P L
HRAO EU B G
W AO*EU Z
F P L T
1 5
F P L T
EU
S A U
T
K W RAO* U T
T A EU B G
T
S AO EU PB
A UF T
K O U PB T
E R
A PB D
R U PB
A UF
F P L T
1 6
F P L T
T
S AO EU PB
O PB T
W A U L
S A EU
S
T
K U T
A * UF
TK A EU T
S
TK E S
3
1
F P L T
1 7
F P L T
T
O DZ
O PB
E FRPB
P U PB G

K H A EU T
G
T H A
R U PB
O* PB
S E PB
T E PB S
T
S A EU P L
R
S HR EU P L
F P L T
1 8
F P L T
T
P EU B G
* U P
T R U B G
W U Z
T P H
A
H E D
O* PB
K HR EU G S
F P L T
1 9
F P L T
EU
T P H AO E D
T O
K A EU R
T P HR EU
K H E B G
O U T
T
P R EU PB T
O* U T
O F
T H A
T P AO EU L
F P L T
2 O
F P L T
A F
W E
T P EU PB
EU R B
O U R
W O R B G
O* U T

R B G S
HR E T
AO E S
TKPW E T
S O P L
T A EU B G
O* U T
T P AO D
T P R
TK EU PB
E R
F P L T
2
1
F P L T
EUF S
O* U T
S AO EU D
WH T
PWHRA B G
O* U T
O
K U R
D
F P L T
2
2
F P L T
T U RPB
O PB T
T R B G S
S R * R B G S
S O
W E B G
S AO E
T
T P H AO U Z
K A * S
A B T
T
HRA EU T
*E S
K O* FR
* U P
F P L T
2 3
F P L T
W U PB
O F T
R U PB

E R
S
* U P
W U Z
A
PW EU T
ST U B G
* U P
F P L T

LESSON 39
EXERCISE 4
(39-4)

2 4
F P L T
EU
AO E L
P EU B G
U P
A
T P H AO U P
O PB
P H EU
W A EU
H O E P L
T P R
P H EU
K H E B G
* U P
F P L T
2 5
F P L T
TK O E PB T
T P E R GT
T O
P H A EU B G
T P RAO E B GT
PW A B G
* U P
S
O F
K W R O U R
KP AO U T
E R
T P AO EU L
S
F P L T

2 6
F P L T
EU
PW A B G
U P
P H EU
P H A EU
S K W R O R
T P AO EU L
S
E FR
TK A EU
F P L T
2 7
F P L T
H E
AO E S
S O
K H AO EU L D
HRAO*EU B G
EU
TK O U T
H E
AO E L
FR
A B GT
HRAO EU B G
A
TKPW R O U PB
* U P
F P L T
2 8
F P L T
EU
P H E T
T
TKPW AO EU D
W A EU
TK O U PB
A T
T
E PB D
O F T
H A L
W A *EU
F P L T
2 9
F P L T
W O U L D
K W R O U
TK RAO*EUF
W A EU
TK O U PB
T O
T
PW E
TKPW EU PB
G
O F T
S PW R EU
W A *EU
ST P H
3 O
F P L T
T H A EU
PW E
TKPW A PB
T
K O U PB T
TK O* U PB
T P R T
HR EUF T
A * UF
A T
7
A * P L
3
1
F P L T
T
R U PB
A *EU
W A EU
W A PB T
D
T O
TKPW E T
A EU
W A EU
T P R
H E R
K U RPB T
S EUF P
W A EU G S
F P L T
3
2
F P L T
K W R O U
K PB T
R U PB
A EU
W A EU
T P R
K W R O U R
P R O B
S
F P L T
3
3
F P L T
TK EU D
T
T A E P L
W O R B G
O U T
T
P A EU P
E R
W O* R B G
W T
T P H E T
W O* R B G
ST P H
3 4
F P L T
EU
TKPW E S Z
W O R B G
G
H AO E R
S
PW E T
E R
T H A PB
H O U S
W O* R B G
F P L T
3 5
F P L T
T P H E R
S R O U S
HR EU
R B G S
S H E
W A U B G
D
PW A B G
W A * R D
S PW AO T

T P R O PB T
W A R D
F P L T
3 6
F P L T
T
TKPW A R DZ
W R
W A U B G
G
T W A R D
T
RAO E R
W A R D
F P L T
3 7
F P L T
W O U L D
K W R O U
T A EU B G
O E FR
T H AO E Z
HR E F T
O FR
S
T O
T
T P H A EU B
ST P H
3 8
F P L T
S H E
TK E
S AO EU D
D
T O
T U RPB
O E FR
A
T P H U
HRAO E F
A PB D
S R
A
K O P L
P HRAO E T
K O Z
P H E T
EU B G
P H A EU B G
O FR
F P L T
3 9
F P L T
R
K W R O U
TKPW O EU PB G
T O
T A EU B G
T
T P H O E T
S
T P H
HR O PB G
H A * PB D
O R
S H O R T
H A * PB D
ST P H
4 O
F P L T
H E
W O R B G
D
H A R D
T P R
S U PB
RAO*EU Z
T O
S U PB
S *E T
F P L T
4
1
F P L T
W E
W A F P
D
T
S U PB
S E T
G
O E FR
T
P H O U PB
T A EU PB
S
F P L T
4
2
F P L T
W E
T AO B G
A
S H O R T
PW RA E B G
T P R
O U R
W O R B G
TK A *EU
T O
R U PB
O E FR
T O
T
R *E S
RA PB T
T O
TKPW E T
S O P L
K A R
R EU
O* U T
P AO E T
S A *
F P L T
4
3
F P L T
S EU PB S
P H EU
T P H U
H A EU R
K * U T
R B G S
EU
K PB T
P H A EU B G
P H EU
H A EU R
TK O
T P H EU G
F P L T
4
4
F P L T
H E
AO E S
EU PB
S *EU S

D
O PB
S EU T
G
T HR
S EU PB S
T
O PB
S *E T
O F T
T RAO EU L
F P L T
4 5
F P L T
S H E
P H AO EU GT
S R
A
HR O T
O F
T P H O E
H O* U
T P R
S O P L
T H EU PB G
S
R B G S
PW U
S H E
TK U PB T
T P H O E
H O U
T O
W RAO EU T
P H A
S H AO E PB
S H O R T
H A * PB D
F P L T
4 6
F P L T
W U PB
O F T
P A EU
A * UF
S
O F
PW G
A
RA E L
H F
T AO EU P L
W R EU R
S
T H A
O* FR
T P H AO EU GT
O R
E F PB
S A EU P L
TK A EU
T U RPB
A * RPB D
S
AO E Z
S EU
F P L T

LESSON 40
EXERCISE 2
(40-2)

1
F P L T
A F
T
PWHR EU Z
A R D
S U B
S AO EU D
D
R B G S
T H A EU
T AO B G
A
K HR O E S
E R
HRAO B G
A T
T
W R E B G
A PBLG
F P L T
2
F P L T
TK O
K W R O U
T H EU
K W R O U R
ST O P L
A B G
A *EU B G
K O UF B
K A U Z
D
PW EU
T H A
HR P L
RA PB S
EU D
S A L
HRA D
S E R
* F D
A T
T
P EU B G
T P H EU B G
ST P H
3
F P L T
WH AO EU L
U RPB D
H EU P
T P H O E
S EU S
R B G S
S H E
R E
HR *EUF
D
T
K RAO EU
S EU S
T H A
H A D
K A U Z
D
H E R
S UF P
P A EU PB
F P L T
4
F P L T
T
PW EU Z
S EU
P AO EU L
O T
S E L D
O P L
H A Z
T AO EU P L
T O
HR O U PB
PBLG
T P H T
H A P L
O B G
F P L T
5
F P L T
T
T P H U
S HR F
S
T P H EU G
PW U
T EU P L
EU D
F P L T
6
F P L T
T
P HR F
W U Z
S O L
E P L
WH T
S K W R U PBLG
S A EU D
H E F S
A
P H E PB
T P H A S
T O
S O E T
F P L T
7
F P L T
TK EU D
K W R O U
S AO E
T
PW *EU
S A * R
P H A PBLG
EU B G
S H O E
A T
T
PW A
S A * R
ST P H
8
F P L T
T
K RAO U
S A EU D
T H E RP
R E D
TK EU
T O
PW E
TKPW EU PB
T
K RAO U S

LESSON 40
EXERCISE 4
(40-4)

A EU D
F P L T
9
F P L T
A
T P O R
U P L
W U Z
H E L D
T O
TK EU S
K U S Z
WHR
T H E R B D
PWHR O B G
A EU D
K O P L
G
S PW AO T
K O U PB
T R EU
T P R
P HR EU T
K A L
EU PB
S U R
S K W R E PB T
S
F P L T
1 O
F P L T
O PB
P H EU
K W RAO U R
P AO E PB
T R EU P
R B G S
EU
S A U
T P A PB
T A * S
EU B G
P A L
HRA S
S
T P H
S P A EU PB
A PB D
S H A
T O E Z

T P H
T P RA PB S
F P L T

P F
T
R U PB
TK O* U PB
O E L D
H O U S
H A D
ST AO D
O PB T
K HR EUF
S
T P R
P H
K W RAO E R
S
F P L T
T D
W *EU T
ST AO D
T
H E D
O* PB
W EU PB DZ
O F
T HRAO E
H U R
K A EU PB
S
A PB D
K O U PB T
HR E S
S U P L
E R
ST O RP L
S
F P L T
T
P A EU PB T
W U Z
T P A EU D

D
A PB D
K RA B G
D
F P L T
S *E FR L
S H EU PB G
L S
HRA EU
A UF
T O
T
S AO EU D
O F T
H O U S
W R
T H A EU
H B
PWHR O E PB
F P L T
T
H A R D
W AO* D
W U Z
E B G S
P O E Z
D
T O
T
H O T
S U PB
F P L T
A PB
O E L D
R B G S
PWHRA B G
PW EU R D
TK R B
A
K R O E
P RA P S
TK R B
W U Z
AO E G
E R
HR EU
S E R
F P G
T P R
EU PB

S E B GT
S
K H
P H AO EU GT
S R
K RA U L
D
U PB DZ
T P H AO*E T
T
S H EU PB G
L S
F P L T
P F
T P H AO E R B
R B G S
A
TK U S
T EU
O E L D
HRA U PB
K H A EU R
R B G S
K H
H B
S E T
U P
A PB D
T P O R GT
PB
HR O PB G
A G
R B G S
W U Z
PWHRAO E F P
D
A
TKPW O*E S
HR EU
WH AO EU T
PW EU
T
S U PB
F P L T
A
P A S Z
G
S K W EU R L
H A D
ST O P

D
T O
S K RA F P
H EU Z
H E D
O PB
A
T AO E T
E R
G
HR O G
F P L T
H A E R
G
A
T P H O EU Z
R B G S
H E
T U RPB
D
T O
R U PB
A UF
F P L T
T F S
O PBL
A
T RAO E
R U S
LG
T P H T
W EU PB D
F P L T
T P H O
W U PB
FR
K A EU P L
T P H AO E R
T
O E L D
H O U S
T P H EU P L
F P L T
T F S
HR E F T
T O
PW RA E B G
U P
W O U T
T P H EU PB

K A EU R
G
F P L T
T HR S
S P H G
S A D
A B T
A
H O U S
W
S O F P
H EU S
T R EU
PW G
TK E
S E R T
D
F P L T

LESSON 40
EXERCISE 5
(40-5)

P F
A F
T
S E B G D
W O R L D
W A R
R B G S
A
T P H U
W O R D
K A EU P L
S PW AO
K W RAO U S
A PBLG
F P L T
T F S
K W T
T P A U L
O* U T
F P L T
K W TS
T P A U L
O* U T
S T
RA EU D

K W RA EU G S
T P R
A PB
A EU
T O P L
EU B G
PW O P L
K H S
K A U GT
T P H T
A EU R
F P L T
S O P L
T AO EU P L
HRA EU T
E R
R B G S
T B G
T P A U L
O U T
T P H T
RA EU PB
W A T
E R
F P L T
T P A U L
O* U T
P R E
S E PB T
S
A
TK A EU PB G
E R
PW A U Z
EU T
TKPW E T
S
S PW AO
P HRA PB T
S
A PB D
A PB
P H A L
S
K H B G
PW B G
RA EU D
K W R O
A B GT
*EUF

T P H
T U RPB
F P L T
P F
RA EU D
K W RA EU G S
K
A L S
E S
K A EU P
S PW AO T
A T
P H O S
T P AO E R
TK U R G
T P H EU
P H E L T
TK O* U PB
R U L T
G
T P R
A
T P H AO U B G
HRAO E R
R E
A B G
T O R
K A
T A S
T R O
T P AO E
F P L T
T H O E
P H
E B G S
P E R T
S
S R
A R G
D
T H A
T P H AO U B G
HRAO E R
R E
A B G
T O R
S
R
S A EUF
A PB D

T P EU R B T
R B G S
STK E PB T
S
S R
H A P
D
T P H T
P A * S
T H A F
K A U Z
D
S AO E R
K W R O U S
S RAO EU RP L T
T A L
TK A P L
A PBLG
T P R
A U L
HR *EUF
G
O R G
T P H EUF P L
S
T P H T
A EU R
K W RA
TK R B
EU PB
K HRAO U D
G
P AO E P L
F P L T
P F
W E
T P H O E
T H A
RA EU D
K W R O
A B G
T *EUF
T EU
K
PW RA E B G
TK O U PB
HR *EUF
G
K R E L
S

A PB D
T H A EU R
K E P L
ST R EU
R B G S
HRAO E D
G
T O
K A PB S
E R
O R
O*E R
TK Z
S
F P L T
T H
P H A EU B G
S
T P A U L
O* U T
A
T P A EU
T A L
P H E PB
T P H A S
F P L T
T P H EU G
K A U Z
G
A
PW RA E B G
TK O* U PB
T P H T
PW O D
TK EU
S
E B G S
T RAO E P L
HR EU
S AO E R
K W R O U S
F P L T
P F
A D
G
T O
T H
P HRAO U G S
S T
T P A EU R

HR EU
R E
K R E PB T
T P E
T P H O P L
T P H O PB
K A U L
D
A S
EU D
RA EU PB
F P L T
A S
EU D
RA EU PB
S
P R E
S EU P
T A EU G S
S UF P S
RA EU PB
R B G S
ST P H O E
R B G S
O R
S HRAO E T
K H
K O PB
T A EU PB
S
P HRAO U
T A PB T
S
T P R
K O E L
S P H O E B G
A PB D
K E P L
K A L
P H FR G
F P L T
T H AO E Z
P HRAO U
T A PB T
S
S R B
R E
HRAO E S
D
S PW AO T

A T
P H O S
T P AO E R
A PB D
K O P L
PW AO EU PB
W
W A T
E R
S RA EU
P O R
R B G S
P H A EU B G
G
T
R U L T
G
K O PB
T A P L
T P H A EU T
D
RA EU PB
T P A * U L
A PB D
PWHR EU Z
A R DZ
H A RP L
F L
T O
T
S RAO EU RP L T
F P L T
P F
A D
A U L
O F
T H
T O
T
PW RA E B G
G
TK O U PB
O F T
O
S O*E PB
HRA EU
E R
R B G S
A PB D
EU T

```
AO E S
O F B
T H A T
W O R L D
P H * U S
T A EU B G
ST E P
S
T O
S A *EUF
T
P HRA PB
E T
F P L T
A PB D
W E
P H * U S
TK O
EU T
T P H O U
F P L T
```

LESSON 40
EXERCISE 6
(40-6)

```
P F
H AO EU
S K AO L
TK R O P
O* U T
S
R
T P H
A
S A D
P O G S
F P L T
W U PB S
T H E F
TK E
S AO EU D
D
T O
TK R O P
O U T
R B G S
T H E F
```

```
KP H EU T
D
T H *E P L S
S
T O
A PB
U PB
T P O R
K H U
T P H A T
HRAO EUF
F P L T
W O U T
T HRAO*E S
A
H AO EU
S K AO L
TK EU
P HR O E
P H A
R B G S
W U PB
K
T P H O T
E B G S
P E B GT
T O
T P AO EU PB D
A
TKPW AO D
S K W R O B
F P L T
E F PB
T P
K W R O U
TKPW E T
A
S K W R O B
R B G S
U B G
E B G S
P E B GT
T O B
T
T P *EU R S
T O
TKPW O
T P
T HR S
A
```

```
HRA EU
A * UF
F P L T
K W R O U R
K H A PB S
S
T P R
P R O
P H O E G S
R
S HR EU P L
R B G S
T AO
F P L T
E P L
P HR O EU
E R
S
RA EU R
HR EU
H A PB D
O U T
A
P R O
P H O E G S
T O
A
P E RPB
W
HR EU T
L
E PBLG
K A EU G S
F P L T
P F
S A D
HR EU
R B G S
T P U
TK R O P
O* U T
S
R
HR G
T O
A D
P H EU T
T
T P A L
S EU
```

O F
T H A EU R
P H AO* UF
F P L T
T H E R
A EU
S H A EU P L
D
T O
R U RPB
T O
S K AO L
PW A U Z
T H A EU
T P AO E R
R EU D
K AO U L
F P L T
EU PB
ST E D
R B G S
P H
T U RPB
T O
K RAO EU P L
O R
T
W E L
T P A E R
H A PB D
O* U T
F P L T
P F
T P H T
HRA * S
T P U
TK E B G
K A EU DZ
R B G S
T P H U
P R O
TKPW RA P L
S
S R B
E S
S P E R BL
HR EU
TK E
S AO EU PB
D

T O
TK EU S
K U RPBLG
TK R O P
O* U T
S
A PB D
T O
RAO E F P
T H O E Z
WH O F
HR R
TK R O P
D
O U T
F P L T
T
T A EU B G
A * UF
P O EU PB T
T P R
T H AO E Z
P R O
TKPW RA P L
S
S
A PB
A EU
W A *EU RPB S
O F T
S P E R BL
P R O B
HR E P L
S
K H T
TK R O P
O* U T
P H A EU
T P A EU S
F P L T
T
P O
T E PB
R BL
TK R O P
O* U T
S
A UF PB
A
ST AO U PB T

WH O S
T P H O T
TK O EU PB G
W E L
T P H
S K AO L
O R
WH O
H A Z
T P PB S
R BL
O R
T P A P L
HR EU
P R O B
HR E P L
S
F P L T
S P E R BL
HR EU
T RA EU PB
D
K O U PB S
HR O R
S
T RAO EU
T O
R U PB
TK O U PB
T H AO E Z
ST AO U PB T
S
A PB D
H E L
P
T H E P L
S O R T
O U T
T H A EU R
TK EUF L T
T EU
S
F P L T
T P R
TK R O P
O* U T
S
WH O
R
O U T

TK O EU PB G
W O R B G
R B G S
S P E R BL
P R O
TKPW RA P L
S
S R B
S E T
U P
T O
H E L
P
T H E P L
K O P L
P HRAO E T
S K AO L
A T
T P H AO EU GT
F P L T
P F
H O UFR
R B G S
T
TK R O P
O* U T
P R O B
HR E P L
R E
P H A EU PB
S
F P L T
T P H U
A EU
P R O E F P
S
P H U B
T A EU B G
PB
T O
K AO E P
ST AO U PB T
S
T P H
S K AO L
T P H L
T H A EU
S R T
S K EU L
S
A PB D
T P H O PBLG
T O
HRAO E D
A
R E
W A R D
G
A PB D
P R U B GT
*EUF
HRAO EUF
F P L T